Die schönsten Verkehrsmittel der Schweiz

--

Les plus beaux moyens de transport de Suisse

Vorwort

Mit der vorliegenden Publikation stellt der Schweizer Heimatschutz fünfzig herausragende Verkehrsmittel vor. Sie haben sich ihren Platz darin aus den verschiedensten Gründen verdient: Einige beeindrucken wegen ihrer Technik, einige wegen der gelungenen Einbettung in die Umgebung, viele wegen ihres technikgeschichtlichen Stellenwertes, die meisten wegen ihrer Schönheit. Sie alle gehören zur Schweiz wie die vielen Schlösser, Kirchen und hübschen Altstädte; trotzdem sind etliche davon gefährdet, verschandelt oder gar abgerissen zu werden.

Unser Ziel ist, die wichtige Verbindung zwischen Verkehrsmittel und (Bau-)Kultur hervorzuheben. Wir wollen den Blick der Leserin und des Lesers dafür schärfen, dass Verkehrsmittel nicht nur Mittel zum Zweck, sondern für sich schon eine Reise wert sind. Dies gilt insbesondere auch für die hier nicht erwähnten aktuellen Fahrzeuge des öffentlichen Verkehrs, welche ebenso interessant und innovativ sind wie ihre Vorgänger. Da aber alle unsere fünfzig Destinationen mit ÖV zu erreichen sind, werden Sie ohnehin in deren Genuss kommen. Wir wünschen Ihnen eine inspirierende Reisezeit.

Schweizer Heimatschutz, Benjamin Sallin

Préambule

Dans cette publication, Patrimoine suisse présente un choix de cinquante moyens de transport remarquables. Chacun d'entre eux a mérité sa place pour les raisons les plus diverses : certains impressionnent par leur technique, d'autres pour être particulièrement bien intégrés dans leur environnement, un très grand nombre parce qu'ils ont joué un rôle éminent dans le développement historique de la technique, et la plupart en raison de leur beauté. Tous s'inscrivent dans le patrimoine de la Suisse comme les châteaux, les églises, les vieilles villes… Mais beaucoup sont menacés de dénaturation quand ce n'est pas de démolition pure et simple.

Nous visons donc à mettre clairement en évidence le lien qui existe entre les moyens de transport et la culture du bâti. Nous voulons aiguiser le regard des lectrices et lecteurs à la beauté des véhicules. Leur valeur n'est pas uniquement utilitaire, ils valent le voyage ! Cette remarque s'applique du reste également aux véhicules actuels des transports publics, tout aussi intéressants et innovateurs que leurs prédécesseurs. Mais comme nos cinquante objets sont tous accessibles par les transports publics, chacune et chacun d'entre vous sera automatiquement amené à les admirer sans autre introduction. Bien du plaisir, et bon voyage !

Patrimoine Suisse, Benjamin Sallin

Kleine Einführung in die Bahntechnik

Beim Antrieb eines Schienenfahrzeuges spricht man von Dampf-, Diesel- und Elektro**traktion** und meint damit die verschiedenen Varianten der Krafterzeugung zur Fortbewegung. Bei den Fahrzeugen, die diese Kraft erzeugen, haben wir es mit zwei Typen zu tun: die **Lokomotive** und der **Triebwagen**. Die Lok stösst oder zieht Wagen, die Waren oder Personen aufnehmen können. Der Triebwagen nimmt im Gegensatz dazu selbst auch Fahrgäste oder Frachtgut auf; er kann einzeln oder im Verbund mit angehängten Wagen fahren.

Ob bestimmtes **Rollmaterial** (Lok, Triebwagen oder nicht angetriebene Waggons) auf einer Strecke verkehren können, hängt u.a. von der **Spurweite** ab, das heisst vom Abstand der Schienen (gemessen an den inneren Rändern). Weltweit am häufigsten verwendet ist die **Normalspur** von 1435 mm; das Schienennetz der SBB weist heute ausschliesslich diese Spur auf. Bei Strassen- und Bergbahnen weit verbreitet ist die **Meterspur** (1000 mm), andere übliche Spurweiten messen 800 mm, 600mm oder auch 1200 mm. Über die Kompabilität eines Fahrzeuges mit einer Strecke entscheidet auch die Art, wie die Kraft in Vortrieb umgewandelt wird.

Eine **Adhäsionsbahn** treibt die Räder auf den Schienen an. Da beide aus Eisen bestehen, ist die Haftreibung nicht so gross wie bei Gummireifen auf Strassen. Das hat den Vorteil, dass weniger Energie im Vortrieb verloren geht; der Nachteil ist, dass bei steilen Strecken die Räder eher durchdrehen oder rutschen. Adhäsionsbahnen haben normalerweise eine maximale Steigung von 3%, obwohl auf kurzen Strecken technisch auch mehr als das Vierfache möglich ist.

Bei steilen Strecken bis etwa 25% Steigung hilft deshalb der **Zahnradantrieb**. In der Mitte des Trassees wird dafür eine **Zahnstange** montiert, eine durchgehende Metallschiene bzw. -stange, in welche die Zahnräder der Antriebseinheit fassen. Wir unterscheiden vier Zahnstangensysteme, benannt nach ihrem jeweiligen Erfinder: **Riggenbachs** Leiterzahnstange (A) verlangt eine recht aufwändige Produktion und komplizierte Weichen (B). Deshalb setzt man hier für die Weichen häufig einfache Lamellen ein. Das System **Abt** kombinierte ursprünglich drei solcher Lamellen; in der Schweiz kommt es nur mit zweien vor. Sie sind versetzt (C), wodurch die Betriebssicherheit erhöht und der Materialverschleiss reduziert wird. **Strub** wollte die beiden vorgenannten Prinzipien vereinen. Seine Zahnstange ist eigentlich eine gezahnte Schiene (D). **Lochers** System kommt nur am Pilatus (siehe 28) zum Einsatz; die anderen Zahnstangen versagen hier, weil die Gefahr zu gross ist, dass die Zahnräder durch die verschobenen Kräfte aufsteigen und nicht mehr greifen.

Standseilbahnen bewältigen meist kürzere Strecken, dafür aber noch

A

B

C

grössere Steigungen. Die Kabinen oder Wagen dieser Bahnen pendeln auf ihrer Strecke hin und her, wobei sie über eine Umlenk- oder Antriebsrolle durch ein Seil (aus Stahl) verbunden sind. Dieses Standseil ist gleich lang wie die Strecke und steht bzw. liegt auf Rollen oder Stützen in der Mitte des Trassees. Der Antrieb mit **Wasserballast** (siehe 9) war ursprünglich Standard, aber die meisten Bahnen sind heute umgebaut (vgl. 23). Wenn zwei Wagen vorhanden sind, die sich eine Spur teilen, müssen sie exakt in der Mitte der Strecke kreuzen. Damit das Seil durchlaufen kann, braucht es einen grossen Unterbruch der Schiene. Die **Abt'sche Weiche** (E) entspricht diesen Anforderungen. Damit der grosse Gleisunterbruch ohne Holpern und Entgleisung passiert werden kann, hat der Wagen auf der Innenseite breite Walzen statt Räder. Die Spur hält er durch einen Spurkranz auf der Aussenseite, wo die Schiene nicht unterbrochen wird.

Bei **Luftseilbahnen**, befindet sich das Leit- und/oder Zugseil in der Luft. Die Sessel oder Gondeln werden am Seil festgeklemmt. Bei den **nicht kuppelbaren** Vertretern ist das Fahrzeug fix am Umlaufseil festgeklemmt, weshalb das Aufsitzen und Absteigen in Fahrgeschwindigkeit passiert. Bei den **kuppelbaren** wird das Fahrzeug in der Station durch einen einfachen mechanischen Kniff vom Seil gelöst. So kann das Seil viel schneller laufen, während der Zustieg massiv vereinfacht wird (siehe 17). Ähnlich wie Standseilbahnen funktionieren **Pendelbahnen**, wo die beiden Kabinen über eine in der Luft liegende Schiene gezogen werden und sich in der Mitte kreuzen.

Petite introduction à la technique ferroviaire

Pour désigner le mode de propulsion des véhicules sur rail, on parle de **traction** à vapeur, diesel ou électrique, entendant par là les différentes variantes de génération d'énergie de déplacement. Quant aux véhicules qui produisent cette force, ils sont de deux types : **locomotives** et **automotrices**. La locomotive pousse ou tire des wagons pouvant accueillir des personnes ou contenir des marchandises. C'est dans l'automotrice elle-même que se trouvent les voyageurs ou les marchandises. Elles peuvent circuler seules ou entraîner également des wagons. La question de savoir si un **matériel roulant** déterminé (locomotive, automotrice ou wagons sans propre propulsion) peut circuler sur un tronçon donné dépend de l'**écartement** des voies, autrement dit de la distance qui sépare les rails (entre les deux bords intérieurs). La plus fréquente est la **voie normale** de 1435 mm; le réseau des voies CFF ne présente aujourd'hui que cet écartement. Dans le cas des trams et des chemins de montagne, c'est l'**écartement métrique** qui est le plus répandu (1000 mm). D'autres écartements usuels mesurent 800 mm, 600 mm ou encore 1200 mm. La compatibilité d'un véhicule avec un tracé dépend aussi de la manière dont la force est convertie en propulsion.

Un **chemin de fer à adhérence** actionne les roues sur les voies. Comme il y a fer sur fer, le frottement n'est pas aussi important que dans le cas des pneus sur la route. L'avantage est qu'on enregistre une moindre perte à la propulsion; l'inconvénient par contre que sur les tronçons raides, les roues tendent à patiner ou glisser. Les chemins de fer à adhérence surmontent une déclivité de 3 % au maximum, mais jusqu'à 4 fois plus sur de brefs trajets.

Sur les tronçons escarpés jusqu'à environ 25 % de déclivité, on recourt au principe de l'**engrenage**. Sur la ligne médiane du tracé est montée à cet effet une **crémaillère** constituée d'une barre ou d'un rail métallique denté continu dans lequel les roues dentées de l'unité motrice prennent appui. Nous distinguons quatre systèmes de crémaillère, nommés selon leur inventeur : la crémaillère de **Riggenbach** (A) est de production relativement coûteuse et requiert des aiguillages compliqués (B). C'est pourquoi on utilise souvent dans ce cas des lamelles simples. Le système **Abt** combinait à l'origine trois lamelles de ce type ; on ne le trouve plus en Suisse qu'avec deux lamelles. Elles sont décalées (C), ce qui améliore la sécurité d'exploitation et réduit l'usure du matériel. **Strub** voulait combiner les deux principes susmentionnés. Sa crémaillère est en fait un rail denté (D). Quant au système **Locher**, il n'intervient qu'au Pilate (voir no 28); les autres crémaillères ne sont pas utilisables ici, parce que le risque serait trop grand de voir les roues dentées s'élever au dessus du rail sous l'effet des

forces décalées et ne plus mordre.
Les **funiculaires** maîtrisent généralement des trajets plus courts, mais à déclivité encore plus élevée. Les cabines ou wagons de ces chemins de fer montent et descendent en alternance sur leur tronçon, reliés par un câble et une poulie de renvoi ou un rouleau entraîneur. Ce câble présente la même longueur que le trajet et repose au milieu du tracé sur des poulies ou supports. La propulsion à l'aide de **lest liquide** (voir no 9) était à l'origine la norme, mais la plupart des funiculaires ont été transformés (voir aussi no 23). Si l'installation comporte deux wagons qui se partagent le tracé, ils doivent se croiser très précisément au milieu du trajet. Pour que le câble puisse se dévider librement, il faut aménager au milieu une longue interruption des voies. La **voie Abt** (E) répond à ces exigences. Pour que le wagon puisse passer cette longue rupture sans chocs ni déraillements, il a sur la face interne de larges cylindres en

D

lieu et place de roues. Et il se maintient sur la voie à l'aide d'un boudin sur le côté extérieur, là où la voie n'est pas interrompue.

Dans le cas des **téléphériques**, le câble conducteur et/ou tracteur se trouve en l'air. Les sièges ou cabines sont fixées au câble. Dans le cas des modèles **non débrayables**, le véhicule est fixé au câble porteur, de sorte que le passager doit monter ou descendre alors que le véhicule circule à vitesse constante.

E

Par contre, dans le cas des véhicules **débrayables**, la cabine est détachée du câble par un simple mécanisme de serrage. Ce qui fait que le câble peut défiler beaucoup plus rapidement, et qu'il est beaucoup plus facile de monter dans le téléphérique (voir no 17). Quant aux **téléphériques pendulaires**, leurs deux cabines sont tirées sur le câble porteur comme sur un rail aérien et se croisent au milieu du trajet comme les wagons d'un funiculaire.

Inhalt
Table des matières

1 La flotte des bateaux à vapeur du lac Léman 10
Schiff / Bateau

2 Barque la Neptune 12
Schiff / Bateau

3 Funiculaire Les Avants–Sonloup 13
Standseilbahn

4 Funiculaire Territet–Glion 14
Standseilbahn

5 Montreux–Rochers de Naye 15
Zahnradbahn / Chemin de fer à crémaillère

6 Martigny, Châtelard et leurs chemins de fer 16
Adhäsions- und Zahnradbahn, Standseilbahn / Chemin de fer à adhérence et crémaillère, funiculaire

7 Téléférique Riddes–Isérables 18
Luftseilbahn

8 Gornergrat Bahn 19
Zahnradbahn / Chemin de fer à crémaillère

9 Funiculaire Fribourg 20
Standseilbahn

10 Bateau à moteur «Caprice II» 22
Schiff / Bateau

11 Automotrice électrique BCe 2/4 70 23
Adhäsionsbahn / Chemin de fer à adhérence

12 Super Constellation 24
Flugzeug / Avion

13 Basler Tram 25
Adhäsionsbahn / Chemin de fer à adhérence

14 Senkeltram 26
Aufzug / Ascenseur

15 Dampftram 27
Adhäsionsbahn / Chemin de fer à adhérence

16 Sesselbahn Weissenstein 28
Luftseilbahn / Télésiège

17 Sesselbahn Oeschinensee 30
Luftseilbahn / Télésiège

18 Niesenbahn 31
Standseilbahn / Funiculaire

19 Jungfraubahnen 32
Adhäsions- und Zahnradbahn / Chemin de fer à adhérence et crémaillère

20 Dampfschiffe «Blümlisalp» und «Lötschberg» 34
Schiff / Bateau

21 Trümmelbachfällebahn 35
Standseilbahn / Funiculaire

22 Brienz – Rothorn-Bahn 36	**34 Rigi-Bahnen** 52	**46 Gondelbahn Naraus – Cassonsgrat** 66
Zahnradbahn / Chemin de fer à crémaillère	Zahnradbahn / Chemin de fer à crémaillère	Luftseilbahn / Téléférique
23 Giessbachbahn 38	**35 Fährschiff «Tellsprung»** 54	**47 Rhätische Bahn** 68
Standseilbahn / Funiculaire	Schiff / Bateau	Adhäsionsbahn / Chemin de fer à adhérence
24 Reichenbachfallbahn 39	**36 Monte Generoso-Bahn** 55	**48 Muottas Muragl-Bahn** 70
Standseilbahn / Funiculaire	Zahnradbahn / Chemin de fer à crémaillère	Standseilbahn / Funiculaire
25 Gelmerbahn 40	**37 Funicolare Monte Bré** 56	**49 Roter Pfeil** 71
Standseilbahn / Funiculaire	Standseilbahn / Funiculaire	Adhäsionsbahn / Chemin de fer à adhérence
26 Brünigbahn 41	**38 Funicolare Locarno – Madonna del Sasso** 57	**50 TEE** 72
Adhäsions- und Zahnradbahn / Chemin de fer à adhérence et crémaillère	Standseilbahn / Funiculaire	Adhäsionsbahn / Chemin de fer à adhérence
27 Einersesselbahn Willerzell 42	**39 Ritombahn** 58	Erwähnenswert 73
Luftseilbahn / Télésiège	Standseilbahn / Funiculaire	
28 Pilatusbahn 43	**40 Gotthardpostkutsche** 59	Hinweise auf weitere Informationen 74
Zahnradbahn / Chemin de fer à crémaillère	Kutsche / Diligence	Impressum 75
29 Vierwaldstätterseedampfflotte 44	**41 Furka-Dampfbahn** 60	Über den Heimatschutz 76
Schiff / Bateau	Zahnradbahn / Chemin de fer à crémaillère	
30 Sonnenbergbahn 48	**42 Ju 52** 62	
Standseilbahn / Funiculaire	Flugzeug / Avion	
31 Dampflok «Beinwyl» 49	**43 Bauma – Hinwil-Bahn** 63	
Adhäsionsbahn / Chemin de fer à adhérence	Adhäsionsbahn / Chemin de fer à adhérence	
32 Hammetschwandlift 50	**44 Rheineck – Walzenhausen-Bahn** 64	
Aufzug / Ascenseur	Zahnradbahn / Chemin de fer à crémaillère	
33 Stanserhornbahn 51	**45 Rorschach – Heiden-Bahn** 65	
Standseilbahn / Funiculaire	Zahnradbahn / Chemin de fer à crémaillère	

1

La flotte des bateaux à vapeur du lac Léman

Localisation: **Genève, Lausanne**
Disponibilité: **Horaire d'été**
Mise en Service: **1904, 1910, 1914, 1920, 1927**
www.abvl.ch

Die beeindruckende Raddampferflotte auf dem Genfersee zählt neun Schiffe; das ist ein Weltrekord auf einem See. Vier davon werden heute allerdings diesel-elektrisch angetrieben, sind also keine Dampfer mehr. Und wieder drei davon sind ausrangiert, weil sie dringend restauriert werden müssten. Dabei wird schon viel unternommen. Das Dampfschiff (DS) «Montreux», dem eine neue Dampfmaschine verpasst wurde, steht als ein Paradebeispiel dafür, dass der Dampfantrieb nicht einfach alt und teuer ist (vgl. 22) und dass die Genferseedampferflotte lebt. Nach einigen gelungenen Renovationen an verschiedenen Schiffen, ist zwischen Oktober 2007 und April 2009 das Flaggschiff DS «La Suisse» von 1910 in der Kur. Solche Unternehmungen müssen grösstenteils mit Spenden bezahlt werden, so wie das bei vielen Verkehrsmitteln in dieser Publikation der Fall ist. «La Suisse» ist mit 78 Metern Länge gleich gross wie das DS «Simplon». Dieses hat mit 1600 Passagieren aber das grössere Fassungsvermögen und ist deshalb der grösste Dampfer der Schweiz.

La flotte du lac Léman compte neuf bateaux – à vapeur et roues à aubes – le record mondial absolu pour un lac ! Certes, quatre de ces engins fonctionnent au courant électrique et au diesel et non plus à la vapeur, dont trois restent pour l'instant au port, vu l'urgence de leur hypothétique restauration. Mais l'exemple du «Montreux», équipé de nouvelles machines, prouve que la vapeur n'est ni coûteuse ni surannée (voir aussi no 22) et que la flotte du Léman est bien vivante. Plusieurs bateaux ont été restaurés avec succès, et le «La Suisse» de 1910 séjourne au chantier naval d'octobre 2007 à avril 2009. Les travaux de rénovation sont généralement financés par des donateurs, comme pour nombre de moyens de transport décrits dans cet ouvrage. Le « Simplon », bien que de même longueur que le «La Suisse» (78 m), peut accueillir 1600 passagers, ce qui en fait le plus gros bateau à vapeur de notre pays.

2

Barque la Neptune

Localisation: **Lac Léman**
Disponibilité: **Location**
Mise en Service: **1904**
www.ge.ch/neptune

Welches ist das berührendste Verkehrserlebnis? – Eine Schifffahrt. – Mit welcher Art Schiff? – Mit einem Segelschiff. Eine Umfrage würde wohl dieses Ergebnis liefern. Und wo kann man so etwas erleben?
Das grösste Segelschiff des Genfersees transportierte ursprünglich Steine und Holz über den See. Und dies zu einer Zeit, als dort schon seit Jahrzehnten Dampfschiffe verkehrten. Bereits im 13. Jahrhundert leisteten Boote ähnlicher Bauart Transportdienste. Diese lange Tradition fand ein Ende, als die «Neptune» im Jahr 1968 letztmals solche versah. Acht Jahre später begann sie ihre zweite Karriere als Schiff für Publikumsfahrten. Mit nunmehr zwei umfassenden Revisionen vermittelt sie in neuer Jugend und sicherheitstechnisch auf dem neuesten Stand bis dato das angesprochene, mit nichts zu vergleichende Verkehrserlebnis.

Quel voyage, avec quel moyen de transport, trouveriez-vous le plus touchant ? – Un tour en barque sur le lac. Dans quelle sorte de barque ? – Une barque à voile. Résultat vraisemblable d'un tel sondage ! Mais inutile de rêver, ceci est du passé. Vrai ? Non, faux !
Elle existe encore, la plus grande barque à voile du Léman qui transportait autrefois des pierres et du bois, alors même que les bateaux à vapeur naviguaient déjà depuis des décennies sur les mêmes eaux. C'est au XIIIème siècle que remonte l'histoire des barques à voile de transport suisses. Une longue tradition qui prit fin en 1968 avec le dernier trajet de la « Neptune ». Pourtant, cet abandon ne marquait pas la disparition définitive de la barque, qui allait revivre dès 1976 pour une seconde carrière, touristique celle-là. Aujourd'hui, après deux révisions complètes, elle se présente sous un jour tout neuf et techniquement parfaitement au point, la perle rare !

3

Funiculaire
Les Avants – Sonloup

Wer einen Ausflug fernab aller Hektik plant, dem sei die Standseilbahn von Les Avants nach Sonloup empfohlen. Nach der Ankunft mit der MOB (Montreux – Oberland Bernois) steigt man auf den originalen, hübschen roten Wagen mit dem Schriftzug LAS um, mit dem man über ein gerades, immer steiler werdendes Trassee den Hang hinangezogen wird. Während der Fahrt schweift der Blick immer weiter umher, von den vis-à-vis liegenden Rochers de Naye über Caux (vgl. 5) das Rottental hinauf bis zu den Dents du Midi. An der Bergstation betätigen die Technikbegeisterten den Lichtschalter, um einen Kennerblick in den Maschinenraum zu werfen, während die zarter Besaiteten nicht genug von der herrlichen Aussicht bekommen.

Pour une petite excursion tranquille, nous vous recommandons le funiculaire à câble des Avants à Sonloup (LAS). A la descente du MOB (Montreux – Oberland Bernois), vous grimpez dans un joli petit wagon rouge qui vous hisse gentiment vers le sommet. La vue porte au loin sur les Rochers de Naye et Caux (voir aussi no 5), et plonge dans la plaine du Rhône jusqu'aux Dents du Midi. A la station supérieure, les amoureux de technique tâtonnent à la recherche de l'interrupteur pour jeter un coup d'œil dans le local des machines, tandis que les âmes sensibles s'émerveillent au spectacle du panorama.

Localisation: **Environs de Montreux**
Disponibilité: **Horaire**
Mise en Service: **1910**
www.mob.ch

4
Funiculaire Territet – Glion

Localisation: **près Montreux**
Disponibilité: **Horaire**
Mise en Service: **1883**
www.mob.ch

Francis Scott Fitzgerald lässt im Roman «Zärtlich ist die Nacht» seinen Helden an der Talstation in Territet folgende schöne Erklärung machen: «Die Wagen von Bergbahnen sind auf einer Neigung gebaut, die so schräg ist wie die Hutkrempe eines Mannes, der nicht erkannt werden will». Diese Aussage verdeutlicht einerseits die enge Verbindung zwischen Technik und Kultur, beschreibt aber auch schön das Objekt, welches zur Zeit seiner Entstehung die steilste Standseilbahn der Welt war.
Die Strecke und besonders die obere Station sind gut erhaltene und faszinierende Denkmäler. Die Wagen hingegen wurden 1975 ersetzt, als das Wasserballastprinzip (vgl. 9) zu Gunsten des elektrischen Antriebs aufgegeben wurde. Ein von den Spuren der Zeit gezeichnetes Exemplar steht in der Talstation und erzählt von einer glanzvollen Vergangenheit.

Le héro de Francis Scott Fitzgerald, dans une scène de « Tendre est la nuit » à la station inférieure de Territet, a cette belle déclaration : « Les wagons des chemins de fer de montagne sont inclinés comme le revers du chapeau de l'homme qui ne veut pas être reconnu ». Culture et technique se rejoignaient à la vue du funiculaire le plus raide du monde !
Le tronçon et tout particulièrement la station supérieure sont bien conservés et constituent de fascinants monuments historiques. Mais le train a été remplacé en 1975 au moment de l'abandon du principe du lest liquide (voir no 9) au profit d'un moteur électrique. Un exemplaire des wagons d'autrefois, qui porte toutes les marques du temps, est exposé à la station inférieure et témoigne d'un glorieux passé.

Die Zahnradbahn mit dem System Abt (siehe S. 4) bringt Sonnesuchende seit 1909 von Montreux auf die Rochers de Naye. Ursprünglich musste der Reisende von Territet mit der Standseilbahn nach Glion (siehe 4) fahren, um auf die Zahnradbahn zu gelangen. Das ist heute noch möglich und ergibt einen schönen kombinierten Ausflug. In einer der sporadisch fahrenden Dampfkombinationen lässt sich das Reisen dieser Zeit noch hautnaher erleben und bei der Bergfahrt erahnen, welches technische Können in der Planung und Ausführung einer solchen Bahn steckt. Und wer oben auf dem Gipfel steht und rundum blickt, weiss, warum ausgerechnet dorthin eine Bahn führt. Wer aber lieber weniger Berge und mehr Technik hat, dem sei ein Besuch der Museumsbahn Blonay – Chamby empfohlen, die auch von dieser Bahn altes Rollmaterial ihr Eigen nennt.

Ce chemin de fer à crémaillère du système Abt (voir p. 6) transporte depuis 1909 les touristes avides de soleil de Montreux jusqu'aux Rochers de Naye. A l'origine, pour rejoindre le chemin de fer à crémaillère, les voyageurs empruntaient le funiculaire de Territet à Glion (voir no 4). C'est encore possible aujourd'hui et procure une excursion combinée fort intéressante, d'autant que la compagnie met encore sporadiquement en service les locomotives à vapeur d'antan. Cette expérience peu commune révèle toutes les difficultés autrefois liées à la planification et à la réalisation de ces transports. Arrivé au sommet, à la découverte du paysage, vous comprenez immédiatement pourquoi ce trajet a été choisi à l'époque. Et si la technique vous intéresse, nous vous recommandons la visite du musée ferroviaire Blonay-Chamby, qui possède une partie de l'ancien matériel de ce train.

5

Montreux – Rochers de Naye

Localisation: **Canton de Vaud**
Disponibilité: **Horaire, réduit en hiver**
Mise en Service: **1892**
www.mob.ch

6
Martigny, Châtelard et leurs chemins de fer

Localisation: **Bas-Valais**
Disponibilité: **Horaire**
Mise en Service: **1906, 1920, 1975, 1991**
www.tmrsa.ch
www.chatelard.net

In Châtelard findet eine bahntechnische Symbiose statt: Die Martigny-Châtelard-Bahn (MC) als Teil der internationalen Mont-Blanc-Linie endet an der Grenze zu Frankreich und ist der technisch begeisternde Zubringer zu den Bahnen in Châtelard. Das herausragende Merkmal dieser Bahn ist ihre Variante des Zahnstangensystems Strub (siehe S. 4), das aufgrund der trotz Adhäsionsantrieb steilen Streckenführung auf französischer Seite entstand. Dort kam an die Stelle der Zahnstange eine dritte Schiene, womit das Fahrzeug bremsbar blieb. Dadurch musste der Zahnradabtrieb und die Zahnstange auf Schweizer Seite höhergelegt werden, weshalb sie heute noch weit über die Schienenoberkante ragt (vgl. 26).

Dann sind da die Châtelard-Bahnen, die selbst die Besucher wegen ihrer interessanten Mischung von Alt und Neu anziehen: die alte Kraftwerk-Standseilbahn, das anschliessende kleine Züglein und die Kleinststandseilbahn für die Reststrecke auf die Höhe der Emosson-Staumauer. Die untere Standseilbahn entstand im Zusammenhang mit dem Bau der ersten Mauer in den 1920ern; die beiden oberen Bahnen verdanken ihr Leben der heutigen Mauer, die 1974 abgeschlossen wurde. Diese drei Bahnen haben auch mit einigen technischen Besonderheiten aufzuwarten. Damit die durch die Neigungsunterschiede und Kabellänge der unteren Standseilbahn entstehenden Kräfte den Wagen nicht aus der Bahn ziehen, dockt er im oberen Streckenabschnitt einen Ballastwagen an. Das kleine Panoramazüglein hat die selten schmale Spur von 600 mm und schlängelt sich dem Abgrund entlang, während die Passagiere den Mont Blanc bestaunen. Die jüngste Bahn in dieser Zusammenstellung ist das Minifunic, bei dem ein geschickter Kniff an den Schienen dafür sorgt, dass der Reisende trotz verschiedener Steigungen immer waagrechten Boden unter den Füssen hat.

On observe au Châtelard une symbiose intéressante de la technique ferroviaire. Le chemin de fer Martigny-Châtelard (MC), qui fait partie de la ligne internationale du Mont-Blanc et a son terminus à la frontière avec la France, constitue la ligne d'accès (techniquement enthousiasmante) aux chemins de fer du Châtelard. Sa caractéristique remarquable : une variante du système de crémaillère Strub (voir p. 6), adoptée du fait de la forte déclivité du tronçon à adhérence côté français. Là, un troisième rail remplace la crémaillère et garantit le freinage en toute circonstance. De sorte que le système d'engrenage et la crémaillère ont dû être relevés du côté suisse également. Ils dépassent donc, aujourd'hui encore, largement le niveau des voies (voir aussi no 26).

Les chemins de fer du Châtelard combinent l'ancien et le nouveau : funiculaire historique de l'usine électrique, petit train et funiculaire plus récents sur le dernier tronçon jusqu'au sommet du barrage d'Emosson. Le funiculaire inférieur date de la construction du premier barrage dans les années 1920 ; le train et le funiculaire du haut doivent leur existence au barrage actuel, terminé en 1974. Ces trois remontées présentent quelques particularités intéressantes : pour compenser les forces résultant des différences de déclivité et du poids des câbles en aval, et empêcher ainsi tout déraillement, un wagon-ballast est accroché au train sur le tronçon supérieur. Le petit funiculaire panoramique, avec un écartement de 600 mm, une rareté, se faufile le long d'un vertigineux précipice alors que les voyageurs sont occupés à admirer le Mont-Blanc. Le plus récent chemin de fer de ce type est le Minifunic, qui, par une astuce de construction des rails, fait en sorte que le voyageur ait constamment un sol horizontal sous les pieds en dépit de massives variations de déclivité.

7
Téléférique Riddes – Isérables

Mit dem Bau der Gondelbahn gehörte Isérables plötzlich zu dieser Welt. Der Reiseaufwand schrumpfte von eineinhalb Stunden Säumerpfad auf acht Minuten bequeme, ruhige und faszinierende Gondelfahrt. Auch wenn 1960 eine Strasse gebaut wurde, auf der der schnelle Automobilist in einer Viertelstunde von Riddes dorthin gelangt, ist der Service und das Reisegefühl in der Gondel immer noch ungeschlagen. Das Design aus dem beginnenden 40er-Jahren erinnert an eine Tauchglocke, ist zweifellos sehr reizvoll und sucht seinesgleichen. Leider wird diese älteste in Betrieb stehende Gondelbahn, eine besondere Rarität im Seilbahnland Schweiz, wohl in Kürze einem Neubau weichen müssen. Schade, denn eine neue Anlage braucht wieder mehr als ein halbes Jahrhundert, bis sie einen solchen Charme entwickelt hat.

La construction du télécabine a complètement bouleversé la donne pour Isérables. Alors qu'auparavant, rejoindre le village par le sentier muletier prenait traditionnellement une bonne heure et demie, on s'y rend depuis lors confortablement en huit minutes, dans un fascinant paysage. Une route a également été construite en 1960, qui permet de franchir la distance de Riddes à Isérables en un quart d'heure. Mais le service proposé par le téléférique et le charme du trajet demeurent incomparables. Le design des cabines historiques rappelle vaguement une cloche de plongée. Unique en son genre, il ne peut qu'attirer le regard. Pourtant, ce bijou irremplaçable, le plus ancien téléphérique du pays, est malheureusement condamné à disparaître, et fera bientôt place à une installation modernissime, qui mettra un demi-siècle pour retrouver l'attrait de la précédente.

Localisation: **Entre Sion et Martigny**
Disponibilité: **Horaire**
Mise en Service: **1941**
www.sbb.ch (pour l'horaire)

Die erste elektrische Zahnradbahn der Schweiz führte von Zermatt auf den Gornergrat. So konnten die Reisenden unbeschwert den Berg der Berge – das Matterhorn – bestaunen. Die ersten dreissig Jahre lang war die Schmalspurbahn nach dem System Abt (siehe S. 4) zwar nur im Sommer in Betrieb, ab 1928 wurde sie aber nach und nach winterfest. Von der Zwischenstation Riffelalp befördert das renovierte und im Antrieb leicht modifizierte Riffelalptram (von 1899) im Sommer Hotelgäste zu ihrer Unterkunft – auf notabene 2222 m.ü.M. Um das höchstgelegene Hotel der Alpen zu erreichen fährt man aber mit der Gornergrat Bahn bis zur Endstation auf 3089 m.ü.M.

8
Gornergrat Bahn

Le premier chemin de fer à crémaillère électrique de Suisse montait de Zermatt au Gornergrat, et permettait aux visiteurs d'admirer longuement la montagne des montagnes – le Cervin. Les trente premières années, ce train à écartement étroit de système Abt (voir p. 6) n'a circulé qu'en été, mais, dès 1928, on s'est employé à l'équiper progressivement pour l'hiver également. Le Riffelalptram (de 1899), rénové et légèrement modernisé sur le plan technique, conduit en été les voyageurs à leur hôtel (sis à 2222 m) à partir de la station intermédiaire de la Riffelalp. Et pour rejoindre l'hôtel le plus élevé des Alpes, ils empruntent le train du Gornergrat jusqu'au terminus, à 3089 m.

Örtlichkeit: **Ab Zermatt**
Fahrmodus: **Miete oder spezielle Events**
Inbetriebnahme: **1898**
www.gornergrat.ch

9
Funiculaire Fribourg

Localisation: **Neuveville – St. Pierre**
Disponibilité: **Horaire**
Mise en Service: **1899**
www.seilbahn-nostalgie.ch/fribourg.html

Was Francis Scott Fitzgerald 1933 in seinem Werk «Zärtlich ist die Nacht» über die Standseilbahn Territet – Glion (vgl. 4) schrieb, erklärt, wie die hier vorgestellte Bahn heute noch funktioniert: «Wasser entströmte der Ballastkammer unter dem Wagen, und ... oben auf dem Gipfel nahm jetzt ein komplementärer Wagen Gebirgswasser auf und zog dann den entleerten Wagen vermittels der Schwerkraft empor, sobald die Bremsen gelockert waren.» Dieses Prinzip wurde in Freiburg «verfeinert», indem hier die Tanks mit Abwasser gefüllt werden. Obwohl für heutige Verhältnisse sehr personalintensiv, wurde es bei der Generalüberholung zum Hundertjahrjubiläum so belassen. «Ds Funi» bleibt somit die einzige Schweizer Wasserballastbahn und ist so wohl auch gleich das ökologischste Verkehrsmittel. Dafür, sagen böse Zungen, stinkt sie auch am meisten. Aber das hatte die Arbeiter der Cardinal, die die Bahn bauen liess, nicht zu stören und steht auch heute angesichts des niedlichen Wagens dem Aufkommen romantischer Gefühle nicht im Wege.

Dans son roman «Tendre est la nuit» de 1933, Francis Scott Fitzgerald expliquait le fonctionnement du funiculaire Territet–Glion (voir aussi no 4 ; un système encore en place aujourd'hui): «De l'eau jaillissait en trombe du réservoir de lest fixé sous le wagon, et au sommet, un wagon complémentaire se remplissait de l'eau du glacier et faisait contrepoids au wagon vide dès qu'on desserrait les freins ». Ce principe fut encore «affiné» à Fribourg, qui possède une installation analogue : l'eau de remplissage des réservoirs est tout simplement prélevée dans les égouts ! Bien que ce procédé requière les services d'un trop nombreux personnel pour notre époque, on l'a conservé lors de la rénovation du centenaire de l'installation. Le «funi» demeure donc la seule remontée mécanique fonctionnant encore selon le principe du lest liquide, et la plus écologique de surcroît. Mais aussi celle qui empeste le plus, disent les mauvaises langues. Un aspect qui ne dérangeait guère les ouvriers de Cardinal, la firme qui fit construire le funiculaire. Et vu le caractère mignon et romantique de ses wagons, personne ne s'en formalise.

10

Bateau à moteur «Caprice II»

Localisation: **Le Pont/Lac de Joux**
Disponibilité: **En fonction l'été**
Mise en Service: **Années 50**
www.kid.ch/vaud/bateaux_vd.htm

Das charakteristischste Merkmal dieses Schiffes mit den schön geschwungenen Linien und den ausgewogenen Proportionen ist sein Name. Vielleicht verweist er auf die Geschichte dieses verliebten Pärchens, das aus einer Laune heraus («par caprice») an den Lac de Joux kam. Sie erblickten die «Caprice II» und hatten gleich einen Narren daran gefressen. Sie beschlossen eine Rundfahrt auf dem 1000 m.ü.M. gelegenen See und fühlten sich in diesem Schiff und der teilweise unberührten Natur in die Zeit des Aufschwungs in den 50er-Jahren zurückversetzt. Was für ein Name.

Ce qu'on retient avant tout de ce bateau, c'est son nom, si gracieux : le Caprice. Désir, fantaisie, lubie, caprice d'amoureuse ? Qui pourrait dire d'où lui vient son patronyme... Le fait est qu'il frappe par la beauté et la pureté de ses lignes et l'harmonie de ses proportions. Il navigue en toute grâce et légèreté sur les eaux du Lac de Joux, et le passager, tout surpris, se croit ramené aux années 50 si prospères.

11
Automotrice électrique BCe 2/4 70

Der Belle-Epoque-Elektrotriebwagen ist eine besondere Perle im eisenbahnerisch interessanten Jura. Nachdem dort Ende der 1860er-Jahre die erste Eisenbahnlinie entstanden war, brach in den 1870ern ein regelrechtes Eisenbahnfieber aus. 1913 kam dann die vollständig elektrifizierte Strecke Tramelan – Les Breuleux – Le Noirmont dazu, die damit das elektrische Zeitalter für die jurassische Eisenbahn einläutete. Der Elektrotriebwagen BCe 2/4 70 verkehrte dort von der ersten Stunde an und überlebte die Erneuerungswelle nach dem Zweiten Weltkrieg als einziger, so dass er heute wieder die grünen Jura-Hänge auf faszinierend originale Art erlebbar macht. Gelegentlich wird man dabei so sehr in alte Zeiten zurückversetzt, dass man von vermummten Gangstern auf Pferden überfallen wird.

L'automotrice électrique Belle époque est une perle des chemins de fer jurassiens déjà fort intéressants de manière générale. La première ligne fut construite dans les années 1860, puis la région fut saisie d'une véritable fièvre de chemins de fer. La première ligne entièrement électrifiée fut celle de Tramelan – Les Breuleux – Le Noirmont (1913), puis le réseau se développa rapidement. Le BCe 2/4 70 l'a parcouru dès la première heure, et a survécu seul à la vague de modernisation de la Deuxième guerre mondiale. Quoi de plus original que de parcourir au quotidien les monts et vaux jurassiens dans cet oldtimer! L'illusion est telle que l'attaque du train par des bandits masqués sur leurs chevaux écumants n'étonnerait personne...

Localisation: **Jura**
Disponibilité: **Location**
Mise en Service: **1913**
www.les-cj.ch

12
Super Constellation

Örtlichkeit: **Flughafen Basel-Mulhouse**
Fahrmodus: **Nur für Mitglieder SCFA**
Inbetriebnahme: **1956**
www.superconstellation.ch

Die «Super Connie» gilt als schönstes viermotoriges Flugzeug. Und das mit Recht, verkörpert sie doch die Verspieltheit der Zeit des Aufschwungs und schaut mit der dieser Epoche eigenen Hoffnung der Zukunft entgegen. Trotz ihrer Grösse und Stärke macht sie einen filigranen und unbeschwerten Eindruck. «Lächelt sie mich an?», fragt sich der Betrachter und ist schon ihrer Schönheit erlegen ...

Die Super Constellation ist seit Max Frischs «Homo Faber» innig mit der Schweiz verbunden, denn der Held, der Schweizer Ingenieur Faber, fliegt im Buch wie im Film ausschliesslich mit solchen Maschinen. Dass es aber eine «Star of Switzerland» im Euro-Airport Basel-Mulhouse und damit eine Schweizer-Connie gibt, verdanken wir einem sehr engagierten Verein, der die Maschine zur Freude vieler Interessierter seit 2004 der Öffentlichkeit zugänglich macht.

Le «Super Connie» est considéré comme le plus beau quadrimoteur à ce jour. Une qualification méritée pour cet engin ludique caractéristique des années de l'envol et de l'espoir en l'avenir. En dépit de ses dimensions et de sa puissance, le Super Constellation respire la légèreté et l'insouciance. A le considérer, on dirait qu'il nous sourit, et nous voilà séduit.

Cet avion est intimement lié à la Suisse depuis la parution d'«Homo Faber» de Max Frisch, dont le héro, l'ingénieur Faber, n'emprunte, dans le livre comme dans le film, que de telles machines. C'est à une association très engagée que nous devons l'exposition dans l'Euro-Airport Bâle-Mulhouse d'une «Star of Switzerland», donc d'un Constellation suisse. Depuis 2004, les hôtes de passage ont même la possibilité de monter dans la machine, pour la plus grande joie des fans d'aviation.

13
Basler Tram

Im «Drämmli» fahren Klassenkampf und Anbauschlacht, Nachbarschaftlichkeit und Vaterlandsliebe, Zukunftsvision und -angst mit. Die bewegte Geschichte der Grenzstadt Basel des letzten Jahrhunderts begleitet die Stadtbahn. Einmal wurde sie geliebt, ein anderes Mal verwünscht. Für ihre Erstellung wurde gekämpft, aber noch mehr für ihre Abschaffung. Doch das Basler Tram hat alle Stürme überlebt. Es wird wohl schwierig sein, die Institution Basler Tram in einer einzigen Fahrt zu erleben; man muss es leben, will man es fassen können. Gleichwohl bietet auch dieser Verkehrsbetrieb Erlebnisse, die schon beim ersten Mal Eindruck machen, z.B. die «Dante Schuggi» von 1914. Das wohl erste Tram mit Niederflurzugang war eine besondere Innovation. Heute zum Restaurantwagen umgebaut leistet es nach wie vor ganzjährig seinen Dienst.

Le «Drämmli» respire encore la lutte des classes et la « bataille des champs » (« Anbauschlacht »), le bon voisinage et l'amour de la patrie, les visions futuristes et la peur de l'avenir, toutes ces émotions liées, au XXème siècle, à l'histoire mouvementée de Bâle, ville frontière. Adulé, détesté, certains ont combattu pour sa survie, d'autres pour sa suppression. Mais le tram bâlois a survécu à toutes les tempêtes. Impossible, à la faveur d'un bref trajet, de se faire une idée exhaustive de l'essence de cette institution bâloise. Offrons-nous un tour de ville dans la «Dante Schuggi» de 1914 – le premier tram à marche basse, aujourd'hui transformé en restaurant roulant et qui circule toute l'année, pour en humer l'atmosphère.

Örtlichkeit: **Basel**
Fahrmodus: **Fahrplan oder spezielle Events**
Inbetriebnahme: **1895**
www.bvb.ch

14
Senkeltram

«Was ist denn das für ein abenteuerliches Konstrukt mit dem lustigen Häuschen oben drauf?», fragt sich der fremde Betrachter. Zur Antwort bekommt er: «Dr Mattelift», und findet damit heraus, dass es sich um einen freistehenden Lift handelt, der das Mattequartier mit der Münsterplattform verbindet. Wir haben es hier alternativ «Senkeltram» genannt, womit seine Funktion als öffentliches Verkehrsmittel in der Senkrechten betont werden soll. Eine Fahrt damit braucht übrigens nicht so viel Mut, wie es von aussen aussieht.

« Mais qu'est-ce qu'est cette aventureuse construction, surmontée d'un amusant couvre-chef et agrippée à la muraille ? » C'est le «Mattelift» bien connu des Bernois, qui relie le bas quartier de la Matte à la plateforme de la Cathédrale. Une sorte de tram vertical qui remplit toutes les fonctions d'un moyen de transport public. L'emprunter n'est pas si périlleux que ça ; les apparences sont ici trompeuses.

Örtlichkeit: **Bern**
Fahrmodus: **Fahrplan**
Inbetriebnahme: **1896**
www.matte.ch/lift.htm

15
Dampftram

Als sich Bern in den 1890er-Jahren eine neue Tramlinie einrichten wollte, hatte die Stadt schon einige Jahre das Lufttram in Betrieb. Für weitere Druckluftwagen waren die Turbinen in der Matte (vgl. 14) jedoch zuwenig leistungsfähig und das Stromnetz zuwenig ausgereift, um ein elektrisches Tram zu versorgen. So entschied man sich für die Dampftraktion, was schon bald wieder veraltet war. Kein Jahrzehnt später wurden die Dampftrams durch elektrische ersetzt. Dafür ist die Stadt heute um eine Attraktion reicher, denn eines dieser Trams fährt wieder durch Berns Strassen. Es sieht richtig lieblich aus, trotz der komplizierten Maschinerie und seiner Kraft.

Lorsque Berne rêvait dans les années 1890 de se doter d'une nouvelle ligne de tramway, la ville possédait déjà son Lufttram – un engin à air comprimé en circulation dans ses rues depuis quelques années déjà. Mais les turbines de la Matte (voir aussi no 14) chargées de produire l'air comprimé en question n'auraient jamais suffi à cette tâche supplémentaire. Comme l'électricité n'en était qu'à ses débuts, on opta pour le tram à vapeur... qui fit pourtant long feu. Moins de dix ans plus tard, on remplaçait déjà le tram à vapeur par le tram électrique. Sans condamner toutefois le tchu-tchu à disparaître complètement, puisqu'une de ses rames circule aujourd'hui encore – bruyante et odorante – dans Berne en guise d'attraction touristique. Très mignon d'apparence, en dépit d'une machinerie compliquée et de la puissance qui se dissimule dans les moteurs de l'engin.

Örtlichkeit: **Bern**
Fahrmodus: **Fahrplan mit Winterpause oder Miete**
Inbetriebnahme: **1894**
www.dampftram.ch

16

Sesselbahn Weissenstein

Örtlichkeit: **Nähe Solothurn**
Fahrmodus: **Fahrplan**
Inbetriebnahme: **1950**
www.seilbahnweissenstein.ch
www.prosesseli.ch

Die Schweiz ist ein ausgeprägtes Bergbahnenland. Und als die Seilbahnen den Bodenkontakt verloren und fliegen lernten, konnte praktisch jeder Aussichtspunkt damit erreicht werden. Das war eine Zeit des Experimentierens und der Innovationen. Aus diesen frühen Tagen des Sesselliftbaus sind noch zwei spezielle Anlagen erhalten geblieben (vgl. 17), beide vom Typ VR 101, gebaut von der Firma Von Roll. Diese haben gegenüber allen anderen Luftseilbahnen einen grossen Vorteil: den Quersessel, dank dessen man eine unverstellte Aussicht geniessen kann. Und wer an einem nebligen Tag dem Weissenstein einen Besuch abstattet, weiss, was das heisst, wenn er plötzlich aus dem Nebel aufsteigt und, nachdem er sich an das grelle Licht gewöhnt hat, ein Alpenpanorama erblickt, das seinesgleichen sucht. Es ist geplant, dieses technische Denkmal kurzfristigen Überlegungen zu opfern und durch eine moderne Bahn zu ersetzen. Der Schweizer Heimatschutz setzt sich dafür ein, dass diese Bahn noch weiteren Generationen erhalten bleibt.

La Suisse est le paradis des remontées mécaniques. Autrefois plaquées au sol, elles ont naguère perdu progressivement le contact avec la terre et appris à voler, mettant à portée de la population pratiquement n'importe quel sommet et point de vue. Ce fut l'ère de l'expérimentation et de l'innovation. Deux installations témoignent encore de ces audacieux débuts (voir aussi no 17), toutes deux du type VR 101, de la firme Von Roll. Ce modèle de téléférique présente un grand avantage par rapport à tous les autres : le siège à deux places est tourné à angle droit vers l'extérieur, et permet ainsi à ses passagers de jouir pleinement de la vue. Expérience inoubliable que de s'élever progressivement dans le brouillard en direction du Weissenstein, puis, d'une seconde à l'autre, de déboucher dans la lumière éblouissante, avec à ses pieds la mer de brouillard, en arrière-plan le vaste panorama des Alpes au soleil. Pour des considérations de profit à court terme, certains planifient de sacrifier ce monument historique, témoin irremplaçable de la technique helvétique, et de le remplacer par une installation moderne et banale. Patrimoine suisse lutte pour la préservation de ce bijou au profit des futures générations.

17
Sesselbahn Oeschinensee

Örtlichkeit: **Kandersteg**
Fahrmodus: **Fahrplan**
Inbetriebnahme: **1948**
www.oeschinensee.ch

In Kandersteg befindet sich ein besonderes Stück Technikgeschichte. Auf die Höhe Oeschinensee führt die älteste Sesselbahn der Schweiz. Sie ist ebenfalls vom Typ VR 101, wie diejenige auf den Weissenstein (vgl. 16) oder die kürzlich abgebrochene von Braunwald (GL) und bietet somit die gleichen Vorteile des Quersessels. Auch diese Bahn ist kuppelbar, was erst in den 80ern Standard wurde und das Platznehmen erleichtert, ja ungefährlich macht, gleichzeitig aber die Fahrgeschwindigkeit erhöht. Leider wird auch diese Bahn das gleiche Schicksal ereilen wie ihr älteres Pendant im Glarnerischen, wodurch die Schweiz im Frühling 2009 um ein bedeutendes kulturelles Erbe ärmer ist. Kandersteg erhält eine Bahn, wie es sie allenthalben gibt. Ein trauriger Tausch! Übrigens: in Braunwald werden bei der neuen Gumenbahn wieder mehrheitlich Quersessel eingesetzt...

A Kandersteg se trouve un trésor particulier de l'histoire de la technique : le plus ancien télésiège de Suisse, qui monte à l'altitude du lac d'Oeschinen (Oeschinensee). Il est également du type VR 101, avec sièges latéraux, comme celui du Weissenstein (voir no 16), mais aussi celui de Braunwald (GL), récemment démoli. Ce télésiège est débrayable, comme l'impose une norme de 1980. Y prendre place est donc très facile et sans danger, et la vitesse s'en trouve fortement accélérée. Mais malheureusement, le télésiège de l'Oeschinensee va connaître le même sort que son homologue glaronais. Sa disparition au printemps 2009 appauvrira cruellement notre patrimoine culturel. Kandersteg n'y gagnera qu'une banale remontée comme on en voit partout – triste échange ! Difficile de comprendre cette rage de remplacement, sachant que le principe du siège latéral n'est nullement suranné, mais réapparaît dans de nouvelles installations – sans le charme des anciennes, bien entendu...

18
Niesenbahn

Die schlichten Wagen mit den hellen Holzbänken aus den 50er-Jahren lassen jede Unebenheit des Trassees spüren und sorgen damit für ein archaisches Fahrerlebnis. Auf dem Gipfel wird man mit einem grandiosen Ausblick belohnt und kann gegen Abend den pyramidenförmigen Schattenwurf des Niesen bestaunen. Nach diesem Anblick ist der Besucher umso erstaunter, dass keine Strecke mit gleichbleibender Steigung gefunden wurde, so dass das Trassee mit ungewohnt vielen Brücken und Tunnels den Berg hinan führt, begleitet von der längsten Treppe der Welt mit 11'674 Stufen. Dazu die Bahnbetreiber: «Leider müssen wir Ihnen das Betreten strikte verbieten – es sei denn, Sie gehören zu unserem Wartungsteam.» Oder - muss man hinzufügen - Sie nehmen am jährlich stattfindenden Niesen-Treppenlauf teil.

Les wagons sobres aux bancs de bois clair des années 50 vous mettent en contact direct avec toutes les aspérités du tracé, archaïque réminiscence. Mais le spectacle grandiose qui vous attend au sommet vous récompense mille fois de cette épreuve. Vers le soir, vous observerez avec étonnement la progression de l'ombre pyramidale du Niesen sur le lac de Thoune. Une ombre bien régulière, et pourtant... les constructeurs du funiculaire n'ont trouvé aucune pente uniforme et ont été obligés de surmonter les inégalités du terrain à l'aide d'un nombre inhabituel de ponts et de tunnels. En parallèle, le plus long escalier du monde, généralement interdit au public. Sauf si vous êtes de l'équipe d'entretien, ou participez à la course annuelle du Niesen-Treppenlauf. Il y a 11'674 marches...

Örtlichkeit: **Nähe Spiez**
Fahrmodus: **Fahrplan mit Winterpause**
Inbetriebnahme: **1910**
www.niesen.ch

19
Jungfraubahnen

Örtlichkeit: **Ab Wilderswil/Lauterbrunnen**
Fahrmodus: **Fahrplan**
Inbetriebnahme: **1891, 1893, 1912, 1893**
www.jungfraubahn.ch

a

b

Unter diesem Namen fassen wir vier begeisternde Bahnen zusammen: die Schynige Platte-Bahn (SPB) sowie Mürren-, Wengernalp- und Jungfraubahn (MB, WAB, JB). Die beiden Bahnhöfe der MB (a), der ältesten im Bunde, sind nur mit Gondelbahnen zu erreichen. Ihr Trassee liegt knapp 700 Höhenmeter von den nächsten Gleisen entfernt und fristet also ein eisenbahnerisches Einzelgängertum. Da sie keine bemerkenswerte Steigung zu bewältigen hat, braucht sie als einzige auch keine Zahnstange. Auf der anderen Seite des Lauterbrunnentals schlängelt sich die WAB (b) auf einem Trassee mit 800 mm Gleisabstand und einer riggenbachschen Zahnstange (siehe S. 4) auf die Kleine Scheidegg. Von dort aus macht die JB (c), die wohl berühmteste Bahnstrecke, ihren Weg durch Fels, Schnee und Eis, mit einer Spurweite von 1000 mm und dem Zahnstangensystem Strub. Schon ein Stück vor Lauterbrunnen startet in Wilderswil die SPB (d). Ihr Trassee ist von gleicher Bauart wie das der WAB, die im gleichen Jahr den Dienst aufnahm. Die Schynige Platte-Bahn ist ein besonderes Juwel unter den nicht wenigen Bergbahnen der Schweiz, denn sie hat den wahrscheinlich ältesten Fuhrpark. Mit ganz wenigen Ausnahmen sind alle Fahrgestelle vor 1915 schon in Betrieb gewesen.

c

d

Quatre beaux chemins de fer : Schynige Platte (SPB), Mürren (MB), Wengernalp (WAB) et Jungfrau (JB) que nous réunissons sous un même nom. Les deux gares du MB (a), la plus ancienne compagnie et la plus « haute » du quatuor, ne sont accessibles qu'en téléférique. Comme le tracé est relativement égal, la ligne n'est même pas dotée de crémaillère. De l'autre côté de la vallée de Lauterbrunnen circule le WAB (b) sur des rails à écartement de 800 mm et crémaillère Riggenbach (voir p. 6) jusqu'à la Petite Scheidegg. Le train de la Jungfrau (c) prend le relais et se fraie son chemin dans les rochers, la neige et la glace : écartement de 1000 mm, système de crémaillère Strub – LA ligne célébrissime. Au retour, on change de train à Wilderswil, donc avant le terminus de Lauterbrunnen, en direction de la Schynige Platte (d). Même type de tracé que le WAB, et même date de mise en service. Le SPB est un bijou parmi les quelques trains de montagne suisses, vu l'ancienneté de son matériel roulant. A quelques exceptions près, tous les châssis datent encore d'avant 1915.

20

Dampfschiffe «Blümlisalp» und «Lötschberg»

Örtlichkeit: **Thuner- und Brienzersee**
Fahrmodus: **Fahrplan für Sommer oder Miete**
Inbetriebnahme: **1906, 1914**
www.dampferfreunde.ch

Die Schifffahrt auf Thuner- («Blümlisalp») und Brienzersee («Lötschberg») ist etwas ganz Spezielles. Einerseits sind da zwei Raddampfer, dynamisch und schwerfällig zugleich, was sich in Kurven durch eine beachtliche aber ungefährliche Seitenneigung («Krängung») manifestiert. Dabei ist es nicht selbstverständlich, dass das DS «Blümlisalp» überhaupt noch fährt. 1971 wurde sie nämlich im Kanderdelta abgestellt und konnte nur dank des entschiedenen Handelns von Interessenverbänden gerettet werden. Nach den beiden Renovationen 1992 und 2006 erscheint sie wieder in ursprungsnaher Form.
Andererseits ist da Interlaken, die Stadt zwischen den Seen. Die Schiffe müssen durch einen Kanal zu ihrem jeweiligen Hafen gelangen. Und da in Interlaken-West kein Wendemanöver möglich ist, muss die «Blümlisalp» fast drei Kilometer rückwärts fahren, bevor sie sich im Thunersee wieder in normaler Richtung bewegen kann.

Naviguer sur les lacs de Thoune («Blümlisalp») et de Brienz («Lötschberg») est une expérience tout à fait spéciale. Ce sont deux bateaux à roues à aubes, dynamiques et lourds tout à la fois, ce qui fait que, dans les virages, le bateau penche sensiblement sur le côté («gîte») – parfaitement sans danger. Que le Blümlisalp navigue encore ne va pas soi. On l'avait ancré dans le delta de la Kander, et il a fallu toute la détermination de plusieurs communautés d'intérêt pour le sauver. Suite aux deux séries de rénovation de 1992 et 2006, il a pratiquement retrouvé sa forme originale.
Et entre les lacs : Interlaken ! Les bateaux rejoignent chacun leur port par un étroit canal. Mais comme la disposition des lieux à Interlaken-Ouest ne permet pas de tourner le bateau, le «Blümlisalp» repart en marche arrière sur près de 3 km avant de retrouver le lac de Thoune !

21
Trümmelbachfälle

Um bequem auf die Höhe der spektakulären, teilweise unterirdischen Trümmelbachfälle zu gelangen, gibt es den Tunnellift. Das ist eine ganz im Berginnern geführte, einspurige Standseilbahn. Vieles erstaunt und fasziniert hier: Vor Betreten der relativ neuen Kabine bemerkt man, dass ein Teil des Geländers zum Wagen gehört und mitkommt. Beim Eintreten ist durch die grossen hinteren Fenster der ganze Tunnel mitsamt Trassee überblickbar. Ab der Mitte der einminütigen Fahrt kann man das Aufzugsrad am oberen Ende der Höhle bereits sehr gut erkennen. Überwältigt von den vielen Eindrücken verlässt man den Schacht und findet sich in wilder, unberührter Natur wieder, die nicht minder beeindruckt.

Four rejoindre facilement les chutes spectaculaires du Trümmelbach, partiellement souterraines, on emprunte le «Tunnellift», funiculaire à une voie entièrement aménagé dans la montagne. Tout, ici, est surprenant et fascinant. Avant même de monter dans ce véhicule de construction relativement récente, vous constatez qu'une partie de la balustrade fait partie du wagon et se déplace avec lui. De l'intérieur, vous apercevez l'ensemble du tunnel par la grande fenêtre arrière. A l'avant, après 30 secondes de course, vous distinguez déjà la roue tractrice de la station supérieure. Une montée d'une minute qui vous conduit au coeur d'une nature sauvage et intacte. Le contraste est saisissant.

Örtlichkeit: **Lauterbrunnen**
Fahrmodus: **Sommer (Öffnungszeiten Trümmelbachfälle)**
Inbetriebnahme: **1912**
www.truemmelbachfaelle.ch

22
Brienz – Rothorn-Bahn

Örtlichkeit: **Ab Brienz**
Fahrmodus: **Sommerfahrplan**
Inbetriebnahme: **1891**
www.brb.ch

Auf dem Brienzer Rothorn treffen drei Kantone aufeinander. Aus dem Luzernischen fährt ein Postauto über eine Posthornstrecke nach Sörenberg, von wo eine Gondel den Grat erreicht. Für den Weg aus Obwalden sind Schusters Rappen zuständig. Und auf Berner Seite fährt die nostalgische Dampfbahn. Nostalgisch? Mitnichten. Die abgebildeten Lokomotiven sind von 1992 (rechts) bzw. 1996 (links). Diese Maschinen und ihre zwei Schwestern sind leichter und leistungsfähiger als ihre Mitstreiterinnen aus den 1930er- und 1890er-Jahren und damit – zusammen mit der Ölfeuerung – auch viel wirtschaftlicher. Die dieselbetriebene Konkurrenz stechen sie aufgrund der besseren Ökobilanz aus.

Trotz aller moderner Technik bleibt das Fahrgefühl archaisch. Mit dem typischen Dampflokgeräusch und dem dazugehörigen Ruckeln fährt die Lok bergan bzw. -ab und macht durch den austretenden Dampf die Tunnels zu veritablen Tropfsteinhöhlen. Unterwegs muss immer wieder mal zum Kreuzen, zum manuellen Stellen der Weichen (Zahnstange Abt, siehe S. 4) oder zum Wasserfassen angehalten werden.

Au Rothorn de Brienz, trois cantons se rejoignent. Par Lucerne, vous prenez le car postal traditionnel jusqu'à Sörenberg, puis montez au sommet en télécabine. Par Obwald, c'est chaussures de montagne, bon pied, bon œil. Et côté bernois, la formule de grand-papa – la locomotive à vapeur – sans aucun aspect vieillot ou délabré. Les locomotives illustrées datent de 1992 (droite) et 1996 (gauche). Elles et leurs deux soeurs sont à la fois plus légères et plus puissantes que leurs modèles de 1890 et 1930, et plus écologiques, plus économiques...

Pourtant, l'impression archaïque demeure, qu'on se rassure. Vous entendez le bruit typique de la locomotive à vapeur, sentez l'odeur âcre de la fumée, retrouvez toutes les secousses d'antan, à la montée comme à la descente, et la vapeur constelle de stalactites les parois des tunnels... Le train, lui, stoppe à tout bout de champ, pour le croisement avec l'autre rame, le déplacement manuel des aiguillages (crémaillère Abt ; voir p. 6), le remplissage du réservoir d'eau... comme au bon vieux temps !

30
Sonnenbergbahn

Örtlichkeit: **Kriens**
Fahrmodus: **Sommerfahrplan**
Inbetriebnahme: **1902**
www.kriens.ch/content-n48-sD.html

Der Sonnenberg ist wohl nicht der schönste, höchste und sonnigste Aussichtsberg und die Standseilbahn nicht die älteste, speziellste oder begeisterndste. Aber alles nahezu. Und wenn man den Gesamteindruck bewertet, ist die Idylle am Sonnenberg kaum zu übertreffen: Mitten durch herrlich ruhige Natur in der Nähe der Stadt und Agglomeration Luzern fährt fast geräuschlos die vor kurzem behutsam renovierte Sonnenbergbahn. Die Wagenführer, die auch die Billettschalter der beiden Stationen bedienen, sind so freundlich und gutmütig wie ihr knarrender Untersatz. Und wenn man darin erst mal Platz genommen hat, hört die Zeit auf zu zählen.

Sonnenberg n'est pas le point de vue le plus beau, le plus haut, le plus ensoleillé, ni son funiculaire le plus ancien, le plus spécial, le plus enthousiasmant de tous. Mais presque. Une idylle simple. En pleine nature, tout près de la ville et de l'agglomération de Lucerne, on gravit la colline sans bruit dans un des deux wagons du Sonnenbergbahn, une installation tout récemment rénovée, et avec quel soin ! Les conducteurs, qui délivrent également les billets aux deux stations, sont aussi aimables et bienveillants que leur joli funiculaire. Prenez place, oubliez le lieu et l'heure, savourez l'instant !

31
Dampflok «Beinwyl»

Der «Verein Historische Seethalbahn» setzt sich für Bahngeschichte des Seetals ein, das sich von Emmen bis Lenzburg erstreckt. Die «Beinwyl», eine der ältesten in Betrieb stehenden Dampfloks der Schweiz, sowie einige Wagen stammen aus der Gegend und sind wieder regelmässig auf dem Bahnnetz der Region anzutreffen. Der ganze Fuhrpark soll künftig im zu renovierenden Lokdepot in Hochdorf untergebracht werden. Nach Abschluss der nötigen Arbeiten wird also die «Beinwyl» ihr jetziges Domizil in Bremgarten (AG) verlassen und wieder endgültig in ihre Heimat zurückkehren, wo sie ihre ersten dreissig Jahre eingesetzt wurde.

L'association «Verein Historische Seethalbahn» s'intéresse à l'histoire des chemins de fer du Seetal, entre Emmen et Lenzbourg. La locomotive à vapeur «Beinwyl», l'une des plus anciennes de Suisse, et quelques wagons proviennent de la région et circulent à nouveau régulièrement dans le réseau régional. L'ensemble du parc de véhicules séjournera dorénavant dans le dépôt des locomotives de Hochdorf, dont la rénovation est prévue. Une fois terminés les travaux indispensables, le «Beinwyl» quittera son domicile actuel de Bremgarten (AG) et retrouvera sa patrie de trente ans.

Örtlichkeit: **Aargauer und Luzerner Seetal**
Fahrmodus: **Miete oder spezielle Events**
Inbetriebnahme: **1882**
www.historische-seethalbahn.ch

32
Hammetschwandlift

Örtlichkeit: **Auf Bürgenstock**
Fahrmodus: **Offen mit Felsenweg**
Inbetriebnahme: **1905**
www.buergenstock-bahn.ch

Bürgenstock. Dieser Name steht für eine grandiose Aussicht auf den Vierwaldstättersee, die Zentralschweiz und in die Alpen. Aber auch für Verkehrsmittel der Superlative. So war die 1888 gebaute Standseilbahn die erste von Beginn weg elektrifizierte. Gut ein Jahrzehnt später entstand der Felsenweg, ein in den Felsen gehauener Höhenweg, der seinesgleichen sucht. Von dort fährt der etwa 150 Meter hohe, meist freistehende Lift auf die Hammetschwand. Bei Inbetriebnahme war er der schnellste und höchste Aussenlift und holte sich jeweils nach Renovationen diese Titel wieder zurück. Seit 1990 ist er zwar wieder langsamer geworden, dafür kann man während der Fahrt in der Panoramakabine die Aussicht länger geniessen.

Bürgenstock. Ce nom évoque le panorama grandiose du lac des Quatre-Cantons, la Suisse centrale et les Alpes. Mais aussi une série de superlatifs dans le domaine des transports. Le téléférique du Bürgenstock, construit en 1888, fut le premier électrifié dès l'origine. Une bonne décennie plus tard, on creusa à même la roche un sentier qui longe audacieusement la paroi et rejoint un ascenseur vertigineux. Une réalisation qui n'a pas sa pareille. A l'extrémité du sentier, en effet : un ascenseur fixé au rocher à des intervalles très espacés vous hisse à Hammetschwand, 150 mètres plus haut. Ce lift fut initialement (et resta pour un temps) l'ascenseur extérieur le plus élevé et le plus rapide au monde, record qu'il retrouva régulièrement à la suite de ses différentes rénovations. Mais en 1990, on a réduit sa vitesse pour permettre aux passagers de savourer plus longuement la course et le paysage.

33
Stanserhornbahn

1893 war die Stanserhornbahn das Non-plus-ultra der Standseilbahnen. Sie war die steilste und wies mit der automatischen Schienenklemmbremse für den Fall eines Seilbruchs modernste Sicherheitstechnik auf. 1970 vernichtete ein Brand die Bergstation mit einem Gutteil der Technik, so dass heute von den drei Sektionen nur noch die unterste in Betrieb ist, dafür mit originalen Wagen. Während der folgenden Gondelfahrt auf den Gipfel entdeckt man aber immer noch Tunnels und Trassee der alten Strecke. Dank den gleichzeitigen Erklärungen des Begleiters, den riesigen alten Antriebsrädern oben und einem Besuch im kleinen Museum in der Bergstation wird das gesamte Technikdenkmal wieder greifbar. Ein kartoniertes Andenken an vergangene Zeiten sind die edmonsonschen Billette, welche diese Bahn noch heute verwendet.

En 1893, le Stanserhornbahn était le nec plus ultra des funiculaires. Le plus escarpé, doté de la technique la plus sûre – imaginez un peu : un frein automatique en cas de rupture du câble ! Un incendie ayant détruit en 1970 la station supérieure de l'installation et une bonne partie de la technique, seul le tronçon inférieur est aujourd'hui en service – sur les trois que comptait autrefois le parcours. Les wagons sont d'origine. Un télécabine conduit au sommet et durant le voyage, les passagers peuvent encore distinguer au sol les vestiges de l'ancien tracé et les tunnels de la première installation. Grâce aux explications du guide, à la présence des anciennes roues gigantesques à l'arrivée et au petit musée aménagé dans la station supérieure, ils retrouvent ce que devait être cette réalisation technique. Détail touchant : la compagnie utilise encore les billets de format Edmonson du temps passé.

Örtlichkeit: **Ab Stans**
Fahrmodus: **Sommerfahrplan**
Inbetriebnahme: **1893**
www.stanserhorn.com

34
Rigi-Bahnen

Örtlichkeit: **Ab Arth/Vitznau**
Fahrmodus: **Fahrplan**
Inbetriebnahme: **1871, 1875**
www.rigi.ch

Auf die Rigi fuhren die beiden ersten Bergbahnen der Schweiz: die Vitznau-Rigi-Bahn (VRB) seit 1871 und ab 1875 die Arth-Rigi-Bahn (ARB). An diesem Berg kam erstmals die von Niklaus Riggenbach erfundene Zahnstange zum Einsatz, hier in Kombination mit normalspurigen Gleisen (siehe S. 4), die sonst nur noch bei der RHB (siehe 45) zu finden ist. Aber damit nicht genug. Die Talstation der ARB ist das berühmte Hochperron von 1897, ein frühes Meisterwerk des Stahlbrückenbaus. Es musste 1921 anlässlich der Elektrifizierung der unten durchfahrenden Gotthardbahn einen knappen halben Meter angehoben werden. Auf der anderen Bergseite teilt die VRB ihre Talstation mit der Schifflände und gewährt nahtlosen Anschluss an die Vierwaldstättersee-schifffahrt (vgl. 29). Die früher hart umkämpfte, gemeinsame Bergstation bietet einen unvergleichlichen Ausblick auf die Gipfel vom Säntis bis zur Jungfrau und über die Seen und Hügel des Mittellandes.

C'est au Rigi que la Suisse a vu naître ses premiers chemins de fer de montagne – de la compagnie Vitznau-Rigi-Bahn (VRB) en 1871 et de l'Arth-Rigi-Bahn (ARB) en 1875. C'est ici qu'a été inauguré le système de la crémaillère de Niklaus Riggenbach, en combinaison avec des rails d'écartement normal (voir p. 6), une formule que seul possède encore le RHB (voir no 45). Mais ce n'est pas tout. La station inférieure de l'ARB a conservé la forme de ce quai surélevé de 1897 bien connu, un chef-d'œuvre précoce de l'histoire des ponts métalliques. Le dispositif a été relevé d'un demi-mètre en 1921 lors de l'électrification de la ligne du Gothard qui passe sous la station. De l'autre côté de la montagne, le VRB partage sa station inférieure avec le port, et assure ainsi la correspondance sans faille avec la navigation du lac des Quatre-Cantons (voir aussi no 29). La station supérieure du Rigi, autrefois âprement disputée, offre une vue incomparable, du sommet du Säntis à la Jungfrau, et sur les lacs et collines du Plateau.

23
Giessbachbahn

Örtlichkeit: **Nähe Brienz**
Fahrmodus: **Fahrplan**
Inbetriebnahme: **1879**
**www.seilbahn-nostalgie.ch/
giessbach.html**

Diese bemerkenswerte historische Standseilbahn führt zum bemerkenswerten historischen Grand Hotel Giessbach*, für dessen noble Gäste aus aller Welt sie im 19. Jahrhundert errichtet wurde. Sie ist aktuell die älteste der Schweiz und nur zwei Jahre jünger als die erste Bahn Lausanne – Ouchy. Diese wird zur Zeit schon zum zweiten Mal total umgebaut, diesmal zur Lausanne Métro, einem zukunftsweisenden Stadtbahnkonzept.

Die Talstation teilt sich die Bahn in Giessbach mit der Anlegestelle der Brienzersee-schiffe. So geht man im Sommer aus der DS «Lötschberg» (siehe 20) an Land und besteigt einen der beiden renovierten, originalen Wagen. Seit 1912 werden sie nicht mehr mit Wasserballast (vgl. 9), sondern über eine Wasserturbine bzw. seit 1948 elektrisch angetrieben; die Bremskurbel an den Wagen erinnert heute noch an das ursprüngliche System.

Le funiculaire et l'hôtel sont, l'un et l'autre, historiques et parfaitement remarquables. Le Grand Hotel Giessbach* a été construit au XIXème siècle pour accueillir la grande société du monde entier. Et le funiculaire est aujourd'hui l'installation de ce type la plus ancienne de Suisse après le récent remplacement de la Ficelle lausannoise, qui était son aînée de deux ans (et deviendra le Lausanne Métro suite à sa deuxième rénovation, cette fois dans le cadre d'un nouveau concept urbain d'avenir).

La géographie aidant, deux moyens de transport sont à choix pour se rendre à Giessbach, le train ou le bateau, car c'est ici qu'accoste le «Lötschberg» (voir no 20). Un wagon original vous attend pour monter à l'hôtel. Le lest liquide (voir aussi no 9) a été remplacé en 1912 par une turbine hydraulique, puis, en 1948, par une traction électrique ; les manivelles de frein à vis encore visibles dans les wagons rappellent le système d'autrefois.

* Siehe «Die schönsten Hotels der Schweiz», herausgegeben vom Schweizer Heimatschutz.
* *Voir «Les plus beaux hôtels de Suisse», une publication de Patrimoine suisse.*

24
Reichenbachfallbahn

Wie der Name sagt, erschliesst diese Bahn das Naturschauspiel des Reichenbachfalles. Sie ist halb Zubringerin für das Reichenbachtal und halb Kraftwerksbahn, wobei die Bahn zuerst da war. Besonderes Merkmal ist die über 45 m lange Eisenbogenbrücke über den Reichenbach, die zum 100-Jahr-Jubiläum saniert wurde. Die nicht mehr originalen Wagenaufbauten waren nicht mehr zu retten. Man entschied sich, die noch brauchbaren Untergestelle mit der ursprünglichen, immer noch zuverlässigen Sicherheitstechnik – die gleiche wie bei der Stanserhornbahn (siehe 33) – zu sanieren und die Holzkabinen nach in aufwändiger Kleinarbeit zusammengesuchten Vorlagen aus der Entstehungszeit neu zu bauen. Somit haben wir heute eine neue alte Reichenbachfallbahn.

Comme son nom l'indique, le funiculaire conduit aux chutes du Reichenbach, cette merveille de la nature. Il dessert la vallée de Reichenbach, moitié train de voyageurs, moitié desserte de l'usine, franchissant notamment un pont à arche remarquable de 45 m de long au-dessus de la rivière. Le Reichenbachfallbahn a été assaini à l'occasion de son Centenaire. Restés en état, les châssis ont été rénovés selon la technique de sécurité initiale (comme dans le cas du train du Stanserhorn, no 33), toujours entièrement valable aujourd'hui. Pour la partie supérieure des wagons, on a reconstitué méticuleusement les cabines en bois selon les plans et dessins de l'époque retrouvés suite à de longues recherches. De sorte que ce funiculaire historique se présente aujourd'hui tel qu'au premier jour.

Örtlichkeit: **Nähe Meiringen**
Fahrmodus: **Sommerfahrplan**
Inbetriebnahme: **1899**
www.reichenbachfall.ch

25
Gelmerbahn

Die zum Bau des Gelmerkraftwerks und der Leitungen erstellte Bahn von Handeck auf die Höhe Gelmersee und -staumauer wurde erst 2001 ein öffentliches Verkehrsmittel. Auf dieser mit Abstand steilsten Standseilbahn der Schweiz verkehrt wie bei der Ritombahn (siehe 39) nur ein Wagen, der hier wegen seiner offenen Konstruktion und der talseitigen Ausrichtung eher an eine Achterbahn erinnert. Für eine Fahrt dringend empfohlen sind Technikvertrauen und Abenteuerlust. Denn wenn der Sicherheitsbügel schliesst und sich die Fahrgäste mit Galgenhumor Mut zu machen versuchen, ist man damit gut beraten.

Le funiculaire de Handeck était uniquement affecté à la construction du barrage et de l'usine de Gelmer et de ses conduites électriques. De loin le plus raide de tous, il n'est ouvert au public que depuis 2001 et permet de rejoindre le lac de Gelmer et le barrage. Comme sur le tracé du Ritombahn (voir no 39), un seul wagon circule sur ce trajet. Et il faut une bonne dose de courage et de confiance en la technique pour se lancer dans l'aventure. Le wagon est ouvert et rappelle plus le grand huit que le gentil petit train de montagne. Une fois abaissée la barre de sécurité, c'est bon vent et à la grâce de Dieu !

Örtlichkeit: **An der Grimselstrasse**
Fahrmodus: **Sommerfahrplan**
Inbetriebnahme: **1926**
www.grimselwelt.ch/bahnen

26
Brünigbahn

Örtlichkeit: **Ab Giswil/Meiringen**
Fahrmodus: **Fahrplan**
Inbetriebnahme: **1888**
www.bruenig.ch, www.dampfbahnen.ch

Die ursprünglich eingesetzte Dampflokomotive mit originaler Kohlefeuerung fährt heute unter dem Namen «Ballenbergbahn» noch gelegentlich auf dieser Strecke, die nach wie vor die schnellste Verbindung zwischen der Innerschweiz und dem Berner Oberland ist. Beim Aufstieg auf Obwaldner Seite wechseln sich Adhäsions- und Zahnradantrieb ab (siehe S. 4), wobei für zweiteres eine stark erhöhte Variante des Systems Riggenbach zum Einsatz kommt. Wenn ein Reisender seinen Kopf aus dem Fenster beugt und auf die Tunnels zu achten vergisst, sorgt ein verblüffend einfaches und äusserst wirkungsvolles Warnsystem dafür, dass niemand zu schaden kommt: Eine Reihe Reisbesen wischt ihm unsanft durch die Frisur.

La locomotive à vapeur originale, avec four à charbon comme autrefois, circule occasionnellement encore sur ce tracé sous le nom de «Ballenbergbahn». Ce trajet représente toujours la liaison la plus rapide entre la Suisse centrale et l'Oberland bernois. A la montée côté Obwald, le système passe de l'adhérence à la crémaillère, avec le recours à une variante du système Riggenbach fortement surélevée (voir p. 6). Pour protéger de tout malheur le voyageur imprudent qui se pencherait trop fortement à la fenêtre à l'approche d'un tunnel, un système d'alarme aussi simple que surprenant le remet à l'ordre : une rangée de balais de riz lui brosse énergiquement la chevelure!

27
Einersesselbahn Willerzell

Örtlichkeit: **Nähe Einsiedeln**
Fahrmodus: **private Bahn**
Inbetriebnahme: **1959**

Es handelt sich hier um die wohl älteste der wenigen noch im Betrieb stehenden Einersesselbahnen. Sie wurde von der Firma Müller, ein sehr innovatives Seilbahnunternehmen, erbaut und ist von ähnlicher Bauart wie die viel berühmtere, aber abgebrochene Bahn von Sedrun-Cungieri. Da die Bahn in Willerzell eine rein private ist, also für die Öffentlichkeit nicht zur Benützung offen steht, unterliegt sie auch nicht den Bestimmungen für Bahnen mit hohem Besucheraufkommen. Deshalb präsentiert sich dieser Sessellift in weitgehend originalem Zustand, gut gewartet und mit feinen sicherheitsrelevanten Anpassungen.

Il s'agit certainement ici du téléférique monosiège le plus ancien parmi les quelques rares installations de ce type qui subsistent. Sorti des ateliers de la firme Müller, très innovatrice en matière de téléfériques, il est de construction analogue à celle du téléférique beaucoup plus connu de Sedrun-Gungieri, aujourd'hui disparu. Comme le télésiège de Willerzell est en mains privées, donc fermé au public, il n'est pas soumis aux dispositions applicables aux remontées mécaniques de grande affluence. Il est donc d'origine, mais bien entretenu, tout en présentant plusieurs petites adaptations discrètes mais efficaces pour la sécurité.

28
Pilatusbahn

Die Pilatusbahn ist ein technischer Sonderfall. Da die Strecke zu lang für eine Standseilbahn und zu steil für eine Zahnradbahn war, erfand Eduard Locher kurzerhand ein neues Zahnstangensystem mit zwei seitlichen Zahnrädern, das bis heute einmalig ist und die maximale Steigung von 48 % ermöglichte. Auch wenn die meisten Standseilbahnen steiler sind (vgl. 39), beeindruckt die vierzigminütige Fahrt in den bequemen, weichen Polstern in Belle-Epoque-Manier, da die Triebwagen die Steigung aus eigener Kraft bewältigen müssen, während Standseilbahnwagen gezogen werden. Die grandiose, steinig-raue Kulisse steuert das ihrige zum grossartigen Fahrerlebnis bei.

Le train du Pilate est un cas particulier sur le plan technique. Comme le trajet était trop long pour un funiculaire et trop raide pour un train à crémaillère, Eduard Locher imagina délibérément un système inédit et demeuré unique dans les anales : un système de crémaillère à deux roues dentées de part et d'autre de cette dernière, qui permet de surmonter une dénivellation de 48 %. Même si la plupart des funiculaires sont plus raides (voir aussi no 39), la solution n'en demeure pas moins impressionnante. Vous voyagez pendant quarante minutes dans un wagon aux sièges rembourrés comme à la Belle époque, dans un engin qui gravit la pente par ses propres moyens, alors que tous les funiculaires du monde sont tirés par câble. Un trajet que l'on n'oublie pas, tant le décor est grandiose.

Örtlichkeit: **Ab Alpnach-Stad**
Fahrmodus: **Sommerfahrplan**
Inbetriebnahme: **1889**
www.pilatus.ch

29
Vierwaldstättersee-dampfflotte

Örtlichkeit: **Luzern, Brunnen u.a.**
Fahrmodus: **Sommerfahrplan**
Inbetriebnahme: **1901, 1902, 1906, 1913, 1928**
www.lakelucerne.ch

Ein überschaubarer, aber genügend grosser und sehr abwechslungsreicher See, darauf die wohl schönste und bestunterhaltene Dampferflotte – das bietet der See der vier Waldstätten. Die Schiffe tragen so klingende Namen wie «Uri», «Unterwalden», «Schiller», «Gallia» und «Stadt Luzern», wodurch deutlich wird, dass jeder dieser Dampfer auf seine ganz eigene Weise mit der Geschichte der Innerschweiz verbunden ist. Die von Kohle- auf Ölfeuerung umgestellten Schiffe haben auch alle irgendeinen Rekord auf dem See, in der Schweiz oder europaweit inne. So ist das Dampfschiff (DS) «Uri» das älteste der Schweiz und fuhr im Jahr 2007 seinen zweimillionsten Kilometer. In seinem langen Leben wurde es nicht geschont: Bis in die 60er diente es als Eisbrecher im Winter und gelegentlich wurde es unfreiwillig zum Prellbock. Aber seit seiner umfassenden Renovation Anfang der 90er erstrahlt es wieder in altem Glanze. À propos, das DS «Unterwalden» war in den frühen 80er-Jahren das erste Dampfschiff, das in den Genuss einer umfassenden Revision kam. Dafür gilt das DS «Schiller» als ästhetisch vollendetster Dampfer, was gut zu seinem Namenspatron passt, dem hochbegabten deutschen Dramatiker, der mit seinem «Wilhelm Tell» einen guten Teil der Schweizer Identität in der ihm eigenen ästhetischen Vollendung erdichtete. Ebenfalls eine herausragende Schönheit ist das DS «Gallia», das aber noch mehr für seine Dynamik bekannt ist; Es ist das schnellste. Das DS «Stadt Luzern» ist schon das zweite mit diesem Namen und jüngstes, grösstes, schwerstes und stärkstes im Bunde. Jedes Einzelne ist eine Reise wert. Und dazu noch einen Tipp: Der Mehrpreis für die erste Klasse lohnt sich allemal.

Un lac vaste sans être infini, d'une grande variété de paysages, avec la plus belle flotte de bateaux à vapeur imaginable... le lac des Quatre-Cantons. Des noms de bateau indissolublement liés à l'histoire de la Suisse centrale – «Uri», «Unterwalden», «Schiller», «Gallia» ou encore «Stadt Luzern». Convertis du charbon au mazout, tous ont à leur actif un quelconque record, sur un lac, en Suisse, en Europe... Le bateau «Uri» par exemple est le plus ancien de Suisse, et a parcouru en 2007 son deux millionième kilomètre. Durant sa longue vie, il n'a pas toujours connu que des jours tranquilles. Il a servi de brise-glace jusque dans les années 60, et même parfois – involontairement – de butoir. Mais depuis sa rénovation dans les années 90, il resplendit à nouveau de tous ses feux. Quant au «Unterwalden», il a inauguré dans les années 1980 la série des rénovations de bateau. Le «Schiller» est considéré comme le bateau à vapeur de la plus grande perfection esthétique, faisant pleinement honneur à son nom, celui du grand écrivain allemand qui sut, dans son «Guillaume Tell», donner une image de l'identité suisse avec une perfection esthétique à sa mesure. Autre bateau à vapeur d'une remarquable beauté : le «Gallia», surtout connu pour sa dynamique – il est le plus rapide. Le «Stadt Luzern» est le deuxième de son nom et le plus récent, le plus grand, le plus lourd et le plus puissant de la flotte du lac des Quatre-Cantons. Tous valent le voyage. Un bon conseil : le supplément de prix pour la première classe en vaut la peine sur chacun de ces bateaux.

35
Fährschiff «Tellsprung»

Örtlichkeit: **Vierwaldstättersee**
Fahrmodus: **Sommerfahrplan**
Inbetriebnahme: **1930, 1964**
www.autofaehre.ch

Die älteste Fähre der Schweiz war zu Beginn wahrlich nicht viel mehr als eine Nussschale. Sie war nicht nur klein, sondern auch ohne Aufbau. Dann wurde sie Anfang der 60er-Jahre zerlegt, vergrössert, mit einem Aufbau versehen und damit praktisch neu gebaut. Entstanden ist ein filigranes, schönes Schiff, das von vorne fast nur aus Loch zu bestehen scheint. Heute noch verbindet sie im Sommer Beckenried mit Gersau im Stundentakt und kürzt damit den Weg von Südwesten nach Nordosten um fünfzig Kilometer ab.

Le plus ancien ferry de Suisse n'était probablement à l'origine qu'une coquille de noix. Un bac très simple sans pont. Il a été démonté, remonté, agrandi, muni d'une superstructure, bref, pratiquement construit à neuf en 1960. Le résultat : un beau bateau élancé qui, vu de devant, ne semble constitué que d'un gigantesque trou béant. Le ferry « Tellsprung » relie aujourd'hui encore en été, d'heure en heure, Beckenried à Gersau, raccourcissant de cinquante kilomètres le trajet du Sud-Ouest au Nord-Est.

36

Monte Generoso-Bahn

Die älteste Bahn nach dem System Abt (siehe S. 4) bedient d e n Tessiner Aussichtsberg. Wenn der Blick bei der Zwischenstation Bellavista schon vom Matterhorn bis zum Finsteraarhorn schweifen kann, so hat man auf dem Gipfel eine Rundsicht über Nah und Fern bis weit in die Poebene. Kommt aber die alte Dame mit Jahrgang 1890 zu speziellen Zeiten an Sommertagen den Berg hinaufgeschnaubt, gehört ihr alle Aufmerksamkeit. Diese originale Dampflok verkehrt mit ihrem Wagen seit Eröffnung auf dieser Strecke und das ist eine seltene Leistung, besonders da sie in ihren ersten fünfzig Jahren drei Konkurse miterleben musste, bis die Migros die Bahn 1941 übernahm. Erst 1982 wurde die Strecke elektrifiziert, weshalb der regulär verkehrende Fuhrpark noch recht jung ist.

Le train de système Abt (voir p. 6) le plus ancien est celui qui dessert la montagne tessinoise du Monte-Generoso. Alors qu'à la station du milieu Bellavista, on balaie déjà du regard toute la chaîne de montagnes du Cervin au Finsteraarhorn, au sommet, la vue s'étant au loin sur 360°, jusque dans la plaine du Pô.
Pourtant, dès que - certains jours d'été à heure dite - paraît la vieille dame soufflante et cahotante, née en 1890, c'est à elle que revient toute l'attention. Cette locomotive à vapeur originale circule sur le trajet depuis l'ouverture de la ligne, ce qui représente une prestation remarquable, sachant qu'en cinquante ans, la compagnie a fait faillite à trois reprises. Jusqu'au jour de 1941 où Migros la reprit. C'est parce que la ligne a été électrifiée en 1982 que le matériel roulant de l'horaire régulier est quant à lui relativement récent.

Örtlichkeit: **Nähe Chiasso**
Fahrmodus: **Sommer- und Winterfahrplan**
Inbetriebnahme: **1890**
www.montegeneroso.ch

37
Funicolare Monte Bré

Die erste Sektion mit den neueren, knubbeligen, vollautomatischen Wagen gehört heute eher zum innerstädtischen Verkehr. Sie ist aber gleichzeitig Zubringer zur viel längeren zweiten Sektion mit den originalen Wagen und den drei Haltestellen unterwegs, die als Ausgangspunkt von Wanderungen oder Zubringer zu den weit den Berg hinauf gebauten Häusern dienen. Von oben sieht man auf das Luganer Becken und den San Salvatore vis-à-vis. Dort hinauf führt übrigens eine Bahn mit bemerkenswerter Technik: Die beiden Wagen befahren nur je eine Sektion, sind aber mit dem gleichen Seil verbunden, welches von der Mittelstation aus, wo die Fahrgäste auf den zweiten Wagen umsteigen, angetrieben und zur Bergstation umgelenkt wird.

La première section, avec ses wagons relativement neufs, quelque peu tarabiscotés, entièrement automatiques, s'inscrit plutôt dans le réseau urbain et conduit à la deuxième section. Celle-ci, beaucoup plus longue que la première, est desservie par des wagons originaux et comprend trois stations qui servent de points de départ d'excursions et de gares pour les maisons construites sur les flancs de la montagne. D'en haut, on contemple tout le bassin de Lugano et, en face, le San Salvatore. Ce dernier possède lui aussi un chemin de fer techniquement intéressant : les deux wagons ne desservent chacun qu'une des stations, tout en étant reliés à l'autre par le même câble. Pour terminer la course, les passagers changent de véhicule à mi-chemin.

Örtlichkeit: **Lugano**
Fahrmodus: **Fahrplan**
Inbetriebnahme: **1910, 1912**
www.montebre.ch

38
Funicolare Locarno – Madonna del Sasso

Örtlichkeit: **Locarno**
Fahrmodus: **Fahrplan**
Inbetriebnahme: **1906**
**maggioreevalli.ticino.ch>
Transporti turistici**

Hier ist alles anders. Die Farbe blau gibt es bei Standseilbahnen selten (vgl. 30). Auch speziell ist die tramartige Raumaufteilung, denn normalerweise ist diese Art Verkehrsmittel mit durchgehenden Querbänken in Zellen aufgeteilt. Hier aber kann man sich frei im ganzen Wagen bewegen und einen der längs eingebauten Bänke oder einen Stehplatz neben dem Fahrer-Schaffner wählen. Etwas völlig Fremdes ist die Stromleitung mit den Abnehmern auf den Kabinen. Ohne Maschinenraum in der Bergstation treiben sich die beiden Wagen selbst an. Das alles und die ungewöhnlichen drei Stationen auf der kurzen Strecke machen das Funicolare zu einer eigentlichen Stadtbahn.

Ici, tout est particulier. A commencer par la couleur : rares sont les funiculaires bleus (voir aussi le no 30). La répartition intérieure des wagons rappelle un tram, car normalement, ce type de transport public est muni de bancs transversaux continus et subdivisé en cellules. Là par contre, on peut parcourir tout le wagon et choisir de s'asseoir sur un des bancs qui courent le long des parois, ou de rester debout à côté du conducteur. Etrange lui aussi le système d'alimentation électrique par une ligne aérienne et des capteurs fixés sur le toit des cabines. Aucun local des machines à la station supérieure, les deux wagons circulent en toute indépendance. Tout ceci et les trois stations inhabituellement rapprochées confèrent à ce funiculaire un caractère de transport urbain.

39
Ritombahn

Örtlichkeit: **Piotta, Nähe Ambri**
Fahrmodus: **Sommerfahrplan**
Inbetriebnahme: **1917**
www.ritom.ch

Das Ritomkraftwerk gehört zu einer Reihe von Stromlieferanten für die 1922 neu elektrifizierte Gotthardbahn. Für die Arbeit an den Druckleitungen, die parallel zum Trassee verlaufen, wurde eine Werksbahn gebaut, die nach Abschluss der Arbeiten 1921 der Öffentlichkeit zugänglich gemacht wurde. Mit 87.8% war sie längste Zeit die steilste Standseilbahn (vgl. 25), was dem Wagen oder seinem Vorgänger, der unten auf dem grosszügigen Spielplatz steht, gut anzusehen ist.
Die Bahn ist abgelegen, so dass sie vorwiegend von Technikinteressierten und Wanderern benützt wird. Erstere haben ein besonderes Auge für das neben der Kabine vorbeisurrende Kabel, welches von der Maschine in der unteren Station bewegt wird und über ein Umlenkrolle oben mit der Kabine verbunden ist. Es ist hier also ausnahmsweise doppelt so lang wie die Strecke.

La centrale de Ritom fait partie d'une série de fournisseurs de courant destiné à la ligne du Gothard, électrifiée en 1922. Pour le travail aux conduites sous pression, on avait construit en parallèle un funiculaire qui, une fois les travaux terminés, fut ouvert au public. Avec 87,8 % de dénivellation, c'est un des funiculaires les plus escarpés au monde (voir aussi le no 25), ce qui est bien visible sur le wagon ou son prédécesseur, dressé sur une place de jeu à proximité de la station inférieure.
Ce funiculaire est très à l'écart, si éloigné qu'il attire presque uniquement les passionnés de technique ou de tourisme pédestre. Les premiers remarquent avant tout le câble qui défile à côté de la cabine, mû par la machine de la station inférieure et relié à la cabine par une poulie montée en haut du tracé. Solution inhabituelle, le câble présente deux fois la longueur du trajet.

40

Gotthardpost-kutsche

Die Gotthardpostkutsche ist eine fünfzigjährige Episode im 19. Jahrhundert. Angefangen hat sie 1831, als die neue Strasse über den Gotthard, welche den Säumerpfad ablöste, fertiggestellt wurde. Ihr jähes Ende fand sie 1882 mit der Eröffnung des Gotthard-Eisenbahntunnels. Die Fahrt von Flüelen nach Camerlata bei Como dauerte mit dem regulären Kurs knapp vierzig Stunden, das Dutzend Pferdewechsel eingerechnet, und kostete etwa den halben Monatslohn eines Bauarbeiters. Schon früh erfüllte diese Route nebst Post- und Botendiensten auch ein touristisches Bedürfnis. So wurde 1864 der «Herrenkurs» für Vergnügungsfahrten der Vermögenden eingerichtet. Auch heute kann man sich im Sommer in einer nachgebauten, bequemen Postkutsche von Andermatt nach Airolo kutschieren lassen: eine ganz und gar vergnügliche Tagesreise.

La diligence postale du Gothard a circulé pendant cinquante ans au XIXème siècle. L'aventure a commencé en 1831, lorsque fut terminée la construction de la première route carrossable en remplacement du sentier muletier. Et son histoire prit abruptement fin en 1882, à l'ouverture du tunnel ferroviaire du Gothard. Le trajet de Flüelen à Camerlata près de Côme durait près de quarante heures par l'horaire régulier, douze changements d'équipage compris, et coûtait approximativement un demi-salaire mensuel d'un ouvrier. Cette route répondit très tôt à des besoins touristiques en parallèle au trafic postal et de voyageurs. C'est ainsi par exemple que fut organisé dès 1864 le « Herrenkurs » (quelque chose comme le « parcours noble »), autrement dit des voyages de plaisance pour passagers fortunés. On peut aujourd'hui encore se faire transporter confortablement, dans une copie de diligence ancienne, d'Andermatt à Airolo. Ce qui représente une bonne journée de voyage, très plaisante au demeurant.

Örtlichkeit: **Andermatt**
Fahrmodus: **Miete im Sommer**
Inbetriebnahme: **1899**
www.gotthardpost.ch

41
Furka-Dampfbahn

Örtlichkeit: **Ab Realp/Gletsch**
Fahrmodus: **Sommerfahrplan oder Miete**
Inbetriebnahme: **1913**
www.furka-bergstrecke.ch

Die Strecke von Realp nach Gletsch war lange Zeit das Herz des Glacier-Expresses, der berühmten Verbindung zwischen St. Moritz und Zermatt. Gerade dieses Stück war aber nur in vier Sommermonaten passierbar. Als man sich im Jahr 1981 davon trennte, weil der Furka-Basistunnel den Ganzjahresbetrieb erlaubte, schien das Ende des Bahnverkehrs in der reizvollen Furkalandschaft gekommen zu sein. Seit 1992 lebt dieser Abschnitt über die Furka mit abtscher Zahnstange (siehe S. 4) dank einer eigens gegründeten Bahngesellschaft und der Hilfe vieler Freiwilliger wieder auf. Die Loks Nr. 1 und 9 verkehrten hier von der ersten Stunde an. Nach langem Auslandaufenthalt und anschliessender Totalrevision führen sie auch heute wieder Passagiere über dieses Stück Bahngeschichte.

Très longtemps, le trajet de Realp à Gletsch fut la pièce maîtresse du célèbre Glacier-Express, qui reliait St. Moritz à Zermatt. Or ce tronçon n'était ouvert que pendant les quatre mois d'été. A sa fermeture en 1981, justifiée par le creusement du tunnel de base de la Furka, ouvert toute l'année, on a pu craindre de voir disparaître toute circulation ferroviaire dans le beau paysage de la Furka. Mais depuis 1992, la traversée est à nouveau possible sur crémaillère Abt (voir p. 6) grâce à une société de chemin de fer créée tout exprès avec l'aide de nombreux volontaires. Les locomotives numéros 1 et 9 avaient circulé ici dès la première heure. Après une révision totale à l'étranger, elles transportent à nouveau leurs passagers sur un trajet demeuré célèbre dans l'histoire des chemins de fer suisses.

42
Ju 52

Örtlichkeit: Flughafen Dübendorf
Fahrmodus: Miete oder spezielle Events
Inbetriebnahme: **1939**
www.airforcecenter.ch

Die Junkers 52 ist ein gutes Beispiel für die Genialität des menschlichen Geistes und veranschaulicht gleichzeitig sein Unvermögen, keinen Schaden damit anzurichten. Die besonders erfolgreiche dreimotorige Ju 52 ist das Produkt unermüdlicher Erfindungstätigkeit, dem die Lufthansa viel zu verdanken hat, von dem aber auch etliche Krieg führende Nationen profitierten. Die ersten drei «Tanten Ju» der Ju-Air – sie betreibt mit vier Maschinen die Hälfte der noch flugfähigen Ju 52 – mussten denn auch in der Schweiz über vierzig Jahre Militärdienst leisten. Seit nunmehr über 25 Jahren sind sie jedoch Passagierflugzeuge. In dieser Zeit haben sie schon tausenden einen abenteuerlichen aber sicheren Flug über Seen und Berge ermöglicht.

Le Junkers 52 est un bon exemple du génie de l'esprit humain et témoigne dans le même temps de son incapacité à ne faire que le bien tout en évitant le mal. Produit d'une activité inventive infatigable, très utile à la Lufthansa, le trimoteur Ju 52, l'avion civil allemand le plus connu, quelqu'ait été son succès, a malheureusement également profité à de nombreuses nations belliqueuses. Les trois « Tantes Ju » de Ju-Air – une petite compagnie qui, avec quatre machines, entretient et exploite la moitié des Ju 52 encore en état de vol – avaient accompli quarante ans de service militaire. Mais depuis 25 ans, elles ne transportent plus que des passagers civils, au service d'objectifs purement pacifiques. Durant ce quart de siècle, elles ont procuré à des milliers de personnes le plaisir d'un vol aventureux mais sûr au dessus de nos lacs et montagnes.

Initiiert vom berühmten Industriellen Adolf Guyer-Zeller entstand über die vorletzte Jahrhundertwende die Uerikon-Bauma-Bahn, das zweite Bahnprojekt Guyers neben der Jungfraubahn (siehe 19). Er stammte von Neuthal und übernahm dort das Spinnereiunternehmen seines Vaters, das er durch den Bau der Bahn an den Schienenverkehr anbinden wollte. Die erst nach seinem Tod gebaute Bahn rentierte in ihrer knapp siebzigjährigen Geschichte aber nur selten, so dass die SBB schliesslich den Betrieb einstellten. Der Dampfbahn-Verein Zürcher Oberland (DVZO) sprang vor nun bald vierzig Jahren in die Bresche und betreibt auf der sehr reizvollen Strecke von Bauma bis Hinwil eine Museumsbahn. Dabei fahren die Züge auch heute noch über die Weissenbachbrücke direkt über der ehemaligen Spinnerei Neuthal durch und bilden als Ensemble ein herausragendes Industriedenkmal.

A l'initiative du célèbre industriel Adolf Guyer-Zeller prit forme au tournant du XIXème au XXème siècle le projet de ligne ferroviaire Uerikon-Bauma. Guyer, déjà à l'origine du chemin de fer de la Jungfrau (voir no 19), venait de Neuthal, où il avait repris la filature de son père, entreprise qu'il entendait relier au réseau ferroviaire. La ligne, qui ne fut construite qu'après la mort de Guyer, ne fut que rarement rentable pendant ses 70 années d'existence, de sorte que les CFF finirent par la désaffecter. L'association des amis des trains à vapeur Dampfbahn-Verein Zürcher Oberland (DVZO) reprit le flambeau il y a bientôt quarante ans et exploite depuis lors un tronçon ferroviaire à caractère de musée absolument charmant entre Bauma et Hinwil. Les trains franchissent aujourd'hui encore le pont Weissenbachbrücke qui passe directement au-dessus de l'ancienne filature de Neuthal, constituant avec elle un remarquable monument historique industriel.

43

Bauma – Hinwil-Bahn

Örtlichkeit: **Kanton ZH**
Fahrmodus: **Sommerfahrplan oder Miete**
Inbetriebnahme: **1901**
www.dvzo.ch

44

Rheineck – Walzenhausen-Bahn

Örtlichkeit: **Kantone SG und AR**
Fahrmodus: **Fahrplan**
Inbetriebnahme: **1896**
www.ar-bergbahnen.ch

Wer in Rheineck den «Walzenhausen-Express» in den Bahnhof einfahren sieht, denkt wohl zuerst an ein kleines Tram. Beim Einsteigen entdeckt er den offenen Führerstand auf der einen Seite, auf der anderen das grosse Gepäckabteil und verwirft die Tramidee. Beim Hinsetzen bemerkt er die starke Vorwärtsneigung der Rückenlehnen und studiert darauf nochmals das topfebene Trassee, das sich nicht geneigt zeigt, Antworten zu liefern. Nach kurzer Fahrt verlangsamt das Bähnchen, während unser Besucher vor sich eine riggenbachsche Zahnstange (siehe S. 4) bemerkt (und mit geübterem Auge die ungewöhnliche Spurweite von 1200 mm ausmachen würde). Nun zerrt der Wagen sein Gewicht mit gehörigem Rumpeln steil den Berg hinan und der verdutzte Passagier ist auf einmal froh um seine Rückenlehne. Beim Aussteigen weiss er: Das ist eine veritable Bergbahn!

Le voyageur qui voit entrer en gare le «Walzenhausen-Express» pense peut-être au premier abord qu'il s'agit d'un tramway. Mais dès qu'il pénètre dans le wagon, aperçoit d'un côté la cabine ouverte du conducteur, de l'autre le grand compartiment réservé aux bagages, il oublie son impression première. Le banc de bois au dossier fortement incliné le surprend quelque peu, jusqu'au moment où, quelques instants après le départ, le véhicule ralentit et se branche sur la crémaillère (voir p. 6) Riggenbach (écartement inhabituel de 1200 mm). Le tracé se fait de plus en plus escarpé, le wagon se hisse péniblement, avec forces secousses, en haut de la pente, le dossier incliné prend tout son sens… Et notre voyageur, à sa descente du train, n'a plus aucun doute : le Walzenhausen-Express n'est pas un tram, mais un vrai train de montagne !

45

Rorschach – Heiden-Bahn

Die RHB (nicht zu verwechseln mit der RhB, siehe 47) nahm im gleichen Jahr wie die ARB (siehe 32) ihren Betrieb auf, also in der frühesten Zeit der Schweizer Zahnradbahngeschichte. Auch auf dieser Strecke zwischen dem st.-gallischen Rorschach am Bodensee und und dem ausserrhodischen Luftkurort Heiden leistet eine Zahnstange nach Riggenbach seine Dienste im Zusammenspiel mit Normalspur (siehe S. 4). Die RHB führt einen zwar recht zusammengewürfelten, aber umfangreichen Fuhrpark, unter anderem ein Wagen von 1868 (!), der schon vor über hundert Jahren in die Dienste dieser Bahn kam. Besonders reizvoll ist die Heidener Remise aus den 1930er-Jahren, die praktisch im Urzustand dasteht. Wie kaum ein anderes Industriedenkmal vermittelt es eine Vorstellung der Werkstattarbeit der letzten achzig Jahre.

Le RHB (à ne pas confondre avec le RhB, no 47) est entré en exploitation la même année que l'ARB (voir le no 34), donc tout au début de l'histoire des funiculaires à crémaillère suisses. Entre Rorschach (SG) au bord du Lac de Constance et la station de cure de Heiden (Rhodes extérieures) circule un funiculaire à crémaillère Riggenbach sur écartement normal (voir p. 6). Le RHB exploite un parc de véhicules relativement disparate mais très fourni, qui compte notamment un wagon de 1868 (!), déjà au service de cette compagnie depuis plus de 100 ans. Un bâtiment particulièrement charmant : le dépôt de Heiden, qui date des années 1930 et se trouve pratiquement dans son état original. Il donne, mieux que tout autre monument historique industriel, une idée très réaliste du travail en atelier des quatre-vingts dernières années.

Örtlichkeit: **Kantone SG und AR**
Fahrmodus: **Fahrplan**
Inbetriebnahme: **1875**
www.ar-bergbahnen.ch

46
Gondelbahn Naraus-Cassonsgrat

Örtlichkeit: **Flims**
Fahrmodus: **Fahrplan**
Inbetriebnahme: **1956**
www.seilbahn-nostalgie.ch/cassons.html, www.laax.ch

Diese Pendelbahn präsentiert sich in ziemlich ursprünglichem Zustand, auch wenn die Gondeln in der Zwischenzeit geringfügig vergrössert wurden. Ein besonderer Glücksfall ist die Talstation, die bei einem verheerenden Brand auf Alp Naraus verschont blieb; es ist ein qualitätsvolles Beispiel für ästhetisch hochwertiges, verantwortungsvolles Bauen in der Zeit des Aufschwungs. Das Feuer von 1974 vernichtete aber leider den Zubringer, eine der ersten Sesselbahnen in der Schweiz. Der Cassonsgrat bietet einen sagenhaften Ausblick auf die meisten Bündner Gipfel von Rang und Namen.

Ce télécabine se présente dans un état relativement original, même si les cabines ont été légèrement agrandies entre temps. La station inférieure, qui a fort heureusement échappé à l'incendie catastrophique de l'Alpe Naraus, est un bâtiment de qualité qui illustre le soin apporté à cette construction des années de l'envol, et le souci de perfection esthétique qui lui a été voué. L'incendie de 1974 a malheureusement détruit le premier tronçon du téléférique, un des plus anciens de Suisse. Du Cassonsgrat, on jouit d'une vue fabuleuse sur les grands sommets grisons.

47
Rhätische Bahn

Örtlichkeit: **Kanton GR**
Fahrmodus: **Fahrplan**
Inbetriebnahme: **ab 1889**
www.rhb.ch

Angefangen hat alles mit der Strecke von Landquart nach Davos. Als letzte kam 1913 die Verbindung von Samedan ins Oberengadin hinzu, die von Beginn weg strombetrieben und der Startschuss zur Elektrifizierung des gesamten Netzes war. Im gleichen Jahr lobte der Heimatschutz die hohe ästhetische Qualität der Rhätischen Bahn (RhB) als ein in sich stimmiges Gesamtkunstwerk*. Die Technik begeistert aber ebenso. Denn, inspiriert von der Gotthardbahn, bedient sich die meterspurige RhB zum Bewältigen der Berg- und Talfahrten ausschliesslich des zahnstangenlosen Adhäsionsantriebs (siehe S. 4). Dies ist umso erstaunlicher, weil es sich um eine Strecke mit unglaublichen Höhenunterschieden handelt, wozu die Überquerung des Berninapasses (2253 m.ü.M.) gehört, der höchste von einer Eisenbahn überquerte Alpenpass. Unzähligen (Kehr-)Tunnels und Brücken waren nötig, was die Fahrt von Chur über Samedan nach Tirano in Italien (Albula- und Berninalinie) zu einem der eindrücklichsten Bahnerlebnisse überhaupt macht.

Tout a commencé par la ligne Landquart–Davos. Puis il s'y est ajouté en 1913 le tronçon de Samedan vers la Haute Engadine, électrifié dès le début, et qui donna le coup d'envoi à l'électrification de tout le réseau. La même année, Patrimoine suisse louait la grande qualité esthétique des Chemins de fer Rhétiques (Rhätische Bahn RhB) considérés comme une véritable oeuvre d'art de grande atmosphère*. La technique n'est pas en reste. Inspirés de la ligne du Gothard, écartement de 1000 mm (voir p. 6), les RhB recourent uniquement à l'adhérence, sans aucune crémaillère, à la descente comme à la montée. C'est d'autant plus étonnant que les différences d'altitude sont incroyables, avec notamment le passage de la Bernina (alt. 2253 m), le col alpin le plus élevé jamais traversé par une ligne ferroviaire. D'innombrables tunnels (hélicoïdaux) et de ponts ont été nécessaires pour réaliser le passage de Coire à Samedan puis à Tirano en Italie (ligne de l'Albula et de la Bernina). Une aventure ferroviaire inouïe.

* Der Artikel kann unter www.heimatschutz.ch «Archiv Zeitschrift» bestellt werden.

* *Cet article peut être commandé sous www.patrimoinesuisse.ch/«Archives revue»*

48
Muottas Muragl-Bahn

Die älteste Standseilbahn des Engadins hat einen unwiderstehlichen Charme und es ist schwierig zu beschreiben, woran es liegt. Sind es die knubbeligen Wagen aus den 60ern? Ist es die Talstation im Niemandsland, die aber Anschluss an zwei Bahnhöfe hat? Oder die Streckenführung mit den grossen Neigungsunterschieden, die flach durch schönsten Nadelwald beginnt und steil auf erhöhtem Trassee in waldlosen Höhen endet? Sind es etwa die gefälligen Stationsgebäude, von welchen das untere ein hübsches Museum zur Bahn beherbergt, das obere ein renommiertes Hotel? Oder ist es einfach die unbeschreibliche Aussicht?

Le plus ancien funiculaire de l'Engadine revêt un charme irrésistible, mais il est difficile de dire pourquoi exactement. Cela tiendrait-il à ses véhicules tarabiscotés des années 60 ? A cette station inférieure perdue dans la nature – bien que reliée à deux gares? A la déclivité très variable, tronçons plats dans une superbe forêt de conifères, grimpées abruptes sur les hauteurs arides? Ou encore à ces jolies stations dont celle du bas est un musée, celle du haut un hôtel renommé ? Ou tout simplement à un paysage d'une indescriptible beauté ?

Örtlichkeit: **Nähe St. Moritz**
Fahrmodus: **Sommer- und Winterfahrplan**
Inbetriebnahme: **1907**
www.muottas-muragl.ch

49
Roter Pfeil

Der Rote Pfeil war eine geniale Erfindung, die gleichzeitig von der dem Menschen innewohnenden Kurzsichtigkeit zeugt. Um die Reisenden von der Strasse wieder auf die Schiene zu bringen, konstruierte man einen technischen Meilenstein mit vielen Vorzügen wie konkurrenzlose Geschwindigkeit von 125 km/h (heute noch Höchstgeschwindigkeit im Regionalverkehr), starkes Design und freie Sicht über die Schultern des Lokführers und auf die Strecke. Als die Rechnung aufging, erreichten diese Triebwagen aber schnell ihre Kapazitätsgrenze, da keine Wagen angehängt werden konnten, und erfüllten ihren Zweck doch nicht. 1939 versuchte man es noch mit dem Doppelpfeil, der die Platzzahl beinahe verdoppelte, aber das Konzept war nicht zu retten. Neben SBB Historic hat heute die Oensingen-Balsthal-Bahn noch einen Roten Pfeil in Betrieb.

La flèche rouge fut une invention géniale, mais qui témoigne d'un certain manque d'esprit de prévision. Pour attirer les foules vers le rail et loin des routes, on avait construit un bijou aux multiples avantages, capable d'atteindre la vitesse record de 125 km/h (aujourd'hui encore la vitesse maximale dans les transports régionaux), design fort, vue libre au-dessus des épaules du conducteur et sur le tracé. Mais à peine mis en service, que déjà ces engins dépassaient leur limite de capacité, vu l'impossibilité d'y accrocher des wagons. Tout était parfait, mais l'objectif manqué. On tenta encore, en 1939, en vain, de sauver le concept par l'introduction d'une double flèche offrant pratiquement deux fois plus de place. Trois exemplaires de la flèche rouge circulent de nos jours, l'un sur la ligne Oensingen-Balsthal, les deux autres pour CFF Historic.

Örtlichkeit: **Miete oder spezielle Events**
Inbetriebnahme: **1935**
www.sbbhistoric.ch

50
TEE

Örtlichkeit: **Miete oder spezielle Events**
Inbetriebnahme: **1961**
www.sbb-historic.ch

TEE II steht für «Trans Europ Express» der Bauart zwei, von der SBB in Auftrag gegeben und besonders für die Strecke Zürich - Mailand optimiert. Da reichte nämlich die Kraft der dieselbetriebenen Variante eins nicht aus. Um aber mit elektrischer Traktion Destinationen in ganz Europa anfahren zu können, galt es die Triebwagen so auszurüsten, dass sie vier verschiedene Stromnetze gebrauchen konnten. Entstanden ist nicht nur ein technisches Meisterwerk, sondern auch eine ausnehmend elegante, ausgeglichene und stilvolle Komposition, deren Schönheit bis heute unerreicht bleibt. Die letzte überlebende bekam nach einer wechselvollen Geschichte wieder ihr ursprüngliches Aussehen.

TEE II signifie «Trans Europ Express Deuxième version», une commande des CFF, particulièrement optimisée pour le trajet Zurich-Milan. La première variante (diesel) s'était avérée de puissance insuffisante. Pour atteindre toutes les destinations européennes par traction électrique, il fallait équiper les engins de manière à pouvoir les brancher sur quatre réseaux électriques successifs. Le résultat est un chef-d'œuvre de la technique, mais aussi une composition d'une séduisante élégance, équilibrée et de grand style, dont la beauté demeure inégalée. Au soir d'une vie mouvementée, le dernier exemplaire a retrouvé son apparence première.

Drei Schweizer Lastwagenbauer konstruierten die legendären Schnauzenpostautos: Saurer, Berna und FBW. Verschiedene Liebhaber, Postautohalter und Museen nehmen sich noch heute dieser freundlich dreinblickenden Verkehrsmittel an. Entsprechende Angebote findet man leicht im Internet.

Trois constructeurs de camions suisses produisaient les légendaires car postaux à capot : Saurer, Berna et FBW. Différents amateurs, exploitants et musées prennent toujours soin de ces aimables engins et proposent leurs services. Nombreuses offres dans l'Internet.

Vielerorts gibt es Möglichkeiten, historische Verkehrsmittel auf Museumsbahnstrecken zu erleben oder in Museen zu betrachten (siehe 5, 26, 43). Und hier noch etwas für die zu kurz gekommenen Autonostalgiker: Der umstrittene Autofriedhof Gürbetal könnte das aussergewöhnlichste Automuseum werden.

Nombreuses sont les possibilités d'expérimenter des moyens de transport historiques sur des tronçons ferroviaires à caractère de musée ou dans des musées précisément (nos 5, 26, 43). Et pour les amateurs de vieilles automobiles, peut-être déçus du peu d'information : le cimetière à autos du Gürbetal, à force d'être contesté et barricadé, pourrait bien donner, avec le temps, le plus extraordinaire des musées d'oldtimer !

In der Schweiz wimmelt es von kleinen Bergbahnen mit kantonalen Konzessionen. Sie haben häufig keinen festen Fahrplan und sind meist schlichtweg abenteuerlich.
Eine gute Auswahl bietet die Seite www.alternatives-wandern.ch/verkehr.htm unter «Bergbahnen».

La Suisse possède un nombre infini de modestes remontées mécaniques à concession cantonale. Souvent sans horaire fixe et le plus souvent parfaitement aventureuses. Vous en trouvez un bon choix sous www.alternatives-wandern.ch/verkehr.htm, rubrique « Bergbahnen ».

Hinweise auf weitere Informationen

Hartung, Karlheinz: Lokomotiven und Wagen. Band 1 – Normalspur. Band 2 – Schmalspur. Band 3 – Zahnradbahnen. Berlin, 1993 und 1994.

Moser, Alfred: Der Dampfbetrieb der Schweizerischen Eisenbahnen 1847–2006. Siebte, nachgeführte und ergänzte Auflage, 2006.

Arnold, Alf: 40 verkehrstechnische Attraktionen der Schweiz. Zürich, 1991.

Moser, Sepp: Aufwärts. Die faszinierende Geschichte und Technik der Bergbahnen. Zürich, 1998.

www.seilbahn-nostalgie.ch
www.funimag.com > Switzerland
www.wikipedia.org
www.alternatives-wandern.ch/verkehr

Impressum

HERAUSGEBER/EDITEUR
Schweizer Heimatschutz (SHS)
Patrimoine suisse
Postfach
8032 Zürich
T 044 254 57 00
F 044 252 28 70
www.heimatschutz.ch
www.patrimoinesuisse.ch

KONZEPT UND TEXT/CONCEPT ET TEXTE
Benjamin Sallin (Schweizer Heimatschutz / Patrimoine suisse)

ÜBERSETZUNG/TRADUCTION
Sophie Clerc, Bern

ABBILDUNGSNACHWEIS/PHOTOS
Wenn nicht anders vermerkt, sind die Zahlen Objektnummern.
Sauf indications, les chiffres correspondent aux numéros des objets.

Schweizer Heimatschutz/*Patrimoine suisse:* 1, 3, 4, 5, 6 (ausser rechts unten/*excepté en bas à droite*), 7, 9, 14, 16, 17, 18, 19, 20, 21, 22, 23, 25, 26, 28, 29, 30, 32, 33, 34, 35, 36, 37, 38, 39, 40, 41, 44, 45, 46, 47, 48,
Umschlagseite/rabat couverture, Seiten/*pages* 5, 7
SEM Production DIP GE: 2
TMR SA: 6 rechts unten/*en bas droite*
Gornergrat Bahn: 8
Roland Zumbühl (www.picswiss.ch): 10
Chemins de fer du Jura: 11
SCFA: 12
Guido Studer (www.trambilder-basel.ch): 13
Andreas Brönimann, Guido Lauper: 15
Robert Bösch (www.robertboesch.ch): 24
Thomas Neukom, Affoltern a.A.: 27
Verein Historische Seethalbahn: 31
Air Force Center: 42
Sammlung DVZO: 43
SBB Historic: 49
Sandro Flückiger (www.bahnbilder.de): 50 links/*gauche*
Jürgen Walter (www.bahnbilder.de): 50 rechts/*droite*
Jürg Biegger (www.widi.ch/hnf): Seite/*page* 73 links/*gauche*
Autofriedhof Gürbetal (www.autofriedhof.ch): Seite/*page* 73 Mitte/*milieu*
Urner Seilbahnführer: Seite/page 73 rechts/*droite*

GESTALTUNG/GRAPHISME
Fauxpas Grafik, Zürich

DRUCK/IMPRESSION:
Stämpfli Publikationen AG, Bern

VERKAUFSPREIS/PRIX DE VENTE
CHF 12.—

Zürich, 2007

ISBN 978-3-033-01522-7

Über den Schweizer Heimatschutz
A propos de Patrimoine suisse

Der Schweizer Heimatschutz (SHS) ist die führende Schweizer Non-Profit-Organisation im Bereich Baukultur. Wir sind ein Verein mit 27000 Mitgliedern und Gönnern und bestehen seit 1905 als Dachorganisation von heute 25 kantonalen Sektionen. Wir setzen uns dafür ein, dass Baudenkmäler aus verschiedenen Epochen vor dem Abbruch bewahrt werden und weiterleben. Wir fördern aber auch zeitgemässe, gute Architektur bei Neubauten. Weiter informieren wir die Bevölkerung mit unseren Publikationen über die Schätze der Schweizer Baukultur. Jährlich verleihen wir einer Gemeinde den Wakkerpreis für ihre vorbildlichen Leistungen in der Siedlungsentwicklung und den Schulthess-Gartenpreis für solche im Gebiet der Gartenkultur. Mit dem Verkauf des Schoggitalers unterstützen wir seit Jahrzehnten wegweisende Projekte in Heimat- und Naturschutz. *www.heimatschutz.ch*

SCHWEIZER HEIMATSCHUTZ
PATRIMOINE SUISSE
HEIMATSCHUTZ SVIZZERA
PROTECZIUN DA LA PATRIA

Patrimoine suisse est la première organisation à but non lucratif du domaine de la culture architecturale. Nous sommes une association de 27000 membres et donateurs qui a été créée en 1905 en tant qu'organisation faîtière comptant aujourd'hui 25 sections cantonales. Nous nous engageons pour préserver de la démolition et faire revivre des monuments architecturaux de différentes époques. Nous favorisons aussi le choix d'une architecture moderne de qualité lors de la construction de nouveaux bâtiments. Par nos publications, nous informons la population sur les trésors du patrimoine architectural suisse. Nous décernons chaque année le Prix Wakker et le Prix Schulthess des jardins. Avec le produit de la vente de l'Écu d'Or, nous soutenons depuis des décennies des projets exemplaires de protection du patrimoine et de la nature. *www.patrimoinesuisse.ch*